Autorin: Hanna Selin

Traumanarben

Betroffenenbericht über den Heilungsprozess
einer an Angst erkrankten Seele

Erfahrungsbericht

Herstellung: Books on Demand GmbH,
Norderstedt

ISBN 3-8311-3110-4

Kohle-Tuschezeichnungen :

1. Titelbild. "Verzweiflung"
2. "Verletzungsbild"
3. "Weibliche Sexualität"
4. "Männliche Sexualität"
5. "Sexualität und Nähe"
6. "Zum Objekt werden"
7. "Desillusioniert!" Schmerzhafter Abschied von der Sehnsucht"
8. "Das verlassene innere Kind"
9. "Hinwendung zum inneren Kind"
10. "Das innere Kind an die Hand nehmen"
11. "Annahme des inneren Kindes"
12. "Die Wahl"
13. "Therapeutische Abstinenz", "Nähe zum Therapeuten"
14. "Freiheit"

Danksagung

Es gibt einige, bei denen ich mich auf diese
Weise bedanken möchte.
Das Team der Gelderlandklinik in Geldern
(NRW)
gehört dazu, denn diese psychotherapeutische
Kur- und Rehaklinik bot mir den geschützten
Rahmen und ihre fachliche Kompetenz, um in
den Krisen wieder zu mir zu finden und auf die
Beine zu kommen.

Mein besonderer Dank gilt meinen Freundinnen
Ulrike und Brigitte und meinem Therapeuten.
Ohne sie hätte ich es niemals geschafft, den Blick
in meine Abgründe auszuhalten.

Danke!!

Vorwort von Dr. med. G.H. Paar
Ärztlicher Direktor der Gelderland-Klinik
Geldern
Facharzt für Psychotherapeutische Medizin,
Facharzt für innere Medizin, Psychoanalyse,
Rehabilitationswesen
Lehrbeauftragter an der Universität Bochum
für „Psychosomatische Rehabilitation"

Sind Erfahrungsbücher über Wege durch die
Psychotherapie hilfreich für den Leser?
Ja und Nein.

Nein, denn sie ersetzen keine Psychotherapie.
Wäre dem so, würden gut gemachte
Patientenratgeber ausreichen.

Ja, denn sie können als Erfahrungsberichte Mut
machen und Hoffnung vermitteln.

Das Buch „Traumanarben" von Hanna Selin
beschreibt einen langen Weg durch die
Psychotherapie, der am Ende auch nicht
abgeschlossen erscheint. Wie durch ein Teleskop
erschließen sich Lebensstationen, Beziehungen zu
den Eltern, Freundschaften und die berufliche
Entwicklung. Verstehbar wird dieser
schmerzhafte Weg in die Angst über die
Beziehung zum Psychotherapeuten, der die

Patientin begleitet und sich für die Auseinandersetzung mit der eigenen Lebensgeschichte zur Verfügung stellt. Darüber kann die Patientin ihren eigenen Weg aus der Angst heraus finden. Frau Selin beschreibt ihren Weg in einer Mischung aus Selbsterfahrung und Reflexionen. Ihre Zeichnungen dokumentieren intensiv ihren Entwicklungsprozess. Frau Selins Buch „Traumanarben" macht Mut, sich in einer psychotherapeutischen Behandlung mit eigenen schmerzhaften Lebenserfahrungen auseinander zu setzen.

Es ist nachhaltig zu empfehlen.

Dr. med. G.H. Paar

Vorwort

Dieses Buch schreibe ich für alle, die wie ich psychisch erkrankt sind. Natürlich schreibe ich auch für jene, die sich für psychisch gesund halten und die Bereitschaft besitzen, sich einmal mit einer ganz anderen Realität als der eigenen zu befassen. Denn eines habe ich begriffen, es gibt so viele verschiedene Realitäten, wie es verschiedene Menschen gibt. Unsere Realität oder innere Wahrheit entwickelt sich aus der Prägung im Elternhaus und aus dem, was uns im Leben widerfährt, wobei das sehr häufig eng zusammenhängt.

Mit diesem Buch möchte ich Betroffenen Mut zur Psychotherapie machen, auch wenn es zunächst so aussieht, als würde dieser schmerzhafte Weg durch die eigene Seele nur zu mehr Schmerz und Leid führen.

Noch kann ich mich nicht als gesund bezeichnen, aber die inneren Veränderungen durch die Therapie tragen endlich Früchte. Diese Veränderungen geben mir neue Möglichkeiten, mein Leben zu gestalten und meine Gefühle, die ich mein Leben lang festgehalten habe, zum Ausdruck zu bringen.

Eine dieser neuen Möglichkeiten ist dieses Buch; denn vor zwei Jahren war es mir kaum möglich, über meine Vergangenheit zu sprechen, und nun wächst die Bereitschaft mehr und mehr, andere an mir und meiner Gefühlswelt teilhaben zu lassen. Ich denke, dass mir das nur möglich ist, weil ich endlich aufgehört habe, mich derart zu schämen.

Einführung

Ich würde mich freuen, wenn meine ganz
persönliche Geschichte Sie dazu bewegt, über
Ihre inneren Wahrheiten oder die ihrer Kinder
nachzudenken. Ich möchte Sie mitnehmen auf
eine Reise durch meine Seele, durch alle Untiefen
und Gefühle. Wenn ich durch dieses Buch nur
einige Wenige erreiche und dazu bewege, endlich
wirklich über sich zu sprechen und sich damit zu
helfen, so hat dieses Buch erreicht, was es sollte.
Ich werde Ihnen meine Geschichte erzählen und
von meinem Weg durch die Psychotherapie
berichten. Die Erkenntnisse, die daraus
resultieren, werde ich versuchen verständlich
aufzuzeigen.
Zu meiner Person:
Ich bin 37 Jahre alt, von Beruf Krankenschwester,
ledig und kinderlos. Seit meiner Erkrankung bin
ich ohne Partner und das ist wohl auch gut so,
denn in den letzten beiden Jahren hätte es
sowieso kein Mann mit meinen Stimmungen
ausgehalten. Diese Aussage basiert nicht auf
einem Mangel an Selbstwert, sondern es ist für
mich eine realistische Einschätzung männlicher
emotionaler Fähigkeiten.
Die Geschichte meiner Erkrankung beginnt vor
10 Jahren, aber davon berichte ich später. Sollten
Sie selbst erkrankt sein, so erschrecken Sie nicht

über diesen langen Zeitraum, denn es ging mir die meiste Zeit ganz gut.

Meine Diagnose bekam ich vor zwei Jahren (beim ersten Mal hatte ich sie nicht wissen wollen), als ich wiederholt erkrankte. Ich leide unter dem "posttraumatischen Belastungssyndrom", welches für mich eine Angstneurose und Depressionen beinhaltet. Ein Laie kann sich darunter jetzt überhaupt nichts vorstellen, aber glauben Sie mir, in meinen kühnsten Träumen habe auch ich mir so etwas vorher nicht vorstellen können. Ich war vor meiner Erkrankung sehr selbstbewusst und erfolgreich in Schule und Beruf; mutig meisterte ich die Klippen des Lebens. Helfend stand ich anderen in größter Not zur Seite, ohne auf mich selbst zu achten. So mancher beschrieb mich vor meiner Erkrankung als Fels in der Brandung. Die Gnade der Verdrängung, eine psychische Schutzmaßnahme, die jeder nutzt, hatte mir dieses Funktionieren im normalen Leben ermöglicht. Irgendwann lief jedoch auch mein Fass über, da immer mehr dazu gegossen wurde. Mein Leben veränderte sich mit meiner Erkrankung schlagartig; ich war nicht mehr die selbstbewusste Frau, die alles meisterte. Ich verwandelte mich von einem Tag auf den anderen in eine hilflose, ängstliche und verzweifelte Person, die nicht wusste, wie ihr geschah. Ich hatte plötzlich vor allem Angst und wusste nicht warum. Ich spreche nicht von einem leichten Angstgefühl, sondern von panischer Angst, die den ganzen Körper erfasst. Dass für diese Panikattacken kein realer Grund vorlag, ist mir dabei immer bewusst gewesen, und dennoch ließen sich diese Gefühle einfach nicht stoppen. Ich hatte schreckliche Angst, den Verstand zu verlieren. Und ich schämte mich für diese Angst, die anderen müssten mich doch für komplett verrückt halten, wenn sie ihnen auffallen würde. So begann ich alle Situationen, die mir Angst machten, zu vermeiden, um ja nicht aufzufallen. Leider ist es so, dass genau dieses Verhalten diese „irrationale Angst" verstärkt. Am Ende dieses Vermeidungsverhaltens sitzt man isoliert in seiner Wohnung, weil man sich nicht einmal mehr traut, einkaufen zu gehen.

Es kommt zum Phänomen "der Angst vor der Angst". Ich traute mir nichts mehr zu, weil es eine Panikattacke hätte auslösen können. Ist die Angstschwelle erst einmal so weit gesunken, ist man kaum noch in der Lage, angstfrei mit anderen Menschen in Kontakt zu treten. Dieses Verhalten machte mich einsam, und durch diese selbst erzeugte Isolation verstärkte sich bei mir die depressive Stimmung. Jeder Tag wurde zur Qual, die Angst raubte mir die letzte Kraft, und die Depression legte sich wie ein bleiernes Tuch auf meine Seele.

Es gab nichts mehr, was mich erfreute, und nichts, womit ich den Kräfteverlust wieder hätte auffüllen können. Das Gefühl zu versagen und auch noch irgendwie selbst daran schuld zu sein, machte sich in mir breit. Ein Teufelskreis aus Angst, Schuld, Scham und Verzweiflung begann. Ich verstand die Welt nicht mehr und ich verstand nicht, was mit mir geschah. Ich wusste nur, dass es aufhören sollte: ein Gefühl, das mich durch meine gesamte Therapie begleitet hat. Ich wünschte mir immer wieder diesen Schalter, den man umlegt, und alles wäre wieder gut. Leider gibt es diesen Schalter nicht!

Es gab für mich nur den Weg, die so gut gehüteten Geheimnisse meiner Vergangenheit, die ich so tief in mir vergraben hatte, auszusprechen und zu bearbeiten; etwas, wovor ich mich zu Tode gefürchtet hatte. Aber nun hatte ich das Gefühl, keine andere Wahl mehr zu haben.

Das Aussprechen und emotionale Wiedererleben der traumatischen Erlebnisse in der Therapie war unglaublich schmerzhaft, und es zog mich in Abgründe, um deren Existenz ich zuvor nicht einmal wusste.

Und dennoch ermöglichte genau diese Therapie neue und heilsame Erfahrungen, die ich zum Gesunden brauchte und auch heute noch oft brauche.

Zum besseren Verständnis der Erkrankungen möchte ich dem Leser noch kurze medizinische Definitionen an die Hand geben.

Die Neurose

Das, was Normalität von der Neurose unterscheidet, ist vorwiegend ein mengenmäßiger Unterschied. Der psychisch Gesunde kennt ebenfalls Gefühle wie Angst, Hemmungen, Zwiespalt, Traurigkeit und Wut, die bei der Neurose eine Rolle spielen. Und jeder Mensch kennt Konflikte, die zu solchen Gefühlen führen. Der Gesunde schafft es, diese Konflikte zu lösen, der Neurosekranke schafft keine angemessene Lösung. Und somit bleibt er sozusagen im Konflikt mit sich und seinen Gefühlen stecken.

Neurosen mit ausgeprägter Angststörung

Alle Neurosen dienen eigentlich der Abwehr von Angst oder sind Versuche, Angst zu vermeiden. Bei einer Reihe von neurotischen Krankheitsbildern wird die Angst jedoch zum Leitsymptom und nimmt in der Symptomatik einen wichtigen Rang ein. Die Abwehr der Angst ist hier offensichtlich misslungen.

Die Angstneurose

Als Angstneurose bezeichnet man eine Neuroseform, bei der die Leitsymptomatik ein in ihrer Intensität zwar schwankender, aber

eigentlich ständig anhaltender Angstzustand ist.
Die Angst ist hier weit über das erträgliche Maß
hinaus bis hin zu panikartigen Zuständen
gesteigert.
Weiter brauche ich das an dieser Stelle nicht zu
beschreiben, denn mein Bericht enthält wohl die
meisten klassischen Symptome der Erkrankung.

Die Depression

Das Gefühl der depressiven Verstimmung kennt
jeder. Die Depression ist die krankhafte
Steigerung dieser Gefühle. Die wichtigsten
Symptome der Depression sind: Traurigkeit und
innere Leere, ein Gefühl unerklärlicher, quälender
Spannung oder Angst und Hilflosigkeit.
Freudlosigkeit, Abnahme des sexuellen
Interesses, Gewichtszu- oder -abnahme,
Schlafstörungen, fehlender Selbstwert,
Schuldgefühle, verminderte
Konzentrationsfähigkeit bis hin zu völliger
Erschöpfung. Es kommt zu sozialem Rückzug
und zu Suizidgedanken. Körperliche Symptome,
wie zum Beispiel Kopfschmerzen, Gelenk- oder
Rückenschmerzen, können hinzu kommen.
Dieser Zustand kann sich über Stunden, Wochen,
oft aber über Monate ziehen.

Beginn der Erkrankung

Wenn ich sage, dass ich meine Diagnose erst vor zwei Jahren bekam, so stimmt das zwar, aber erkrankt bin ich schon viel früher. Das alles begann, als ich mich mit 27 Jahren entschloss, mein Abitur auf dem zweiten Bildungsweg nachzuholen. Zu dieser Zeit arbeitete ich als Krankenschwester in der Intensivmedizin. Ich hatte dort sehr viel gelernt und fand irgendwann, dass es Zeit wäre, etwas Neues zu beginnen. Ich beschloss, mein Abitur auf dem zweiten Bildungsweg nachzuholen und wollte danach Tiermedizin studieren. Um am Institut zur Erlangung der Hochschulreife aufgenommen zu werden, musste ich an einer Prüfung teilnehmen. Ich bereitete mich so gut ich konnte darauf vor, aber leider reichte das nicht aus. Zum ersten Mal in meinem Leben fiel ich durch eine Prüfung. Dieses „Versagen" wurde zum Auslöser für meine Erkrankung.

Psychische Erkrankungen beginnen oft mit einem auslösenden Erlebnis, wobei dieses Erlebnis nicht eigentlich etwas mit der Erkrankung zu tun haben muss; dieser Auslöser markiert nur deren Beginn. Der Auslöser zeigt den Zusammenbruch aller schützenden psychischen Mechanismen an. Diese Mechanismen hatten dafür gesorgt, dass ich trotz meiner Geschichte im normalen Leben funktioniert hatte.

Ich hatte diese durchgefallene Prüfung als starkes Versagen erlebt und nun fiel diese bis dahin unbekannte Art der Angst über mich her. Alles was für mich zuvor alltäglich war, wurde zum Problem. Meine Arbeit war von einem Tag auf den anderen stark mit Angst besetzt. Ich fürchtete nicht so sehr, etwas falsch zu machen, sondern hatte Angst, die anderen würden meine "verrückte " Angst spüren. Sie mussten mich doch für komplett meschugge halten. Ich verstand mich ja selbst nicht mehr und fürchtete, meinen Verstand nun gänzlich zu verlieren. Es fiel mir von Tag zu Tag schwerer, dieses Gefühl zu verbergen, und ich geriet dadurch mehr und mehr unter Druck. Mir wurde klar, dass es sich bei meinen Symptomen nicht um ein kurzfristiges Phänomen handelte, sondern um etwas, bei dem ich Hilfe von außen brauchte. Ich kam mir unglaublich blöd vor, weil ich so etwas wie eine Therapie nötig hatte. In mir wirkten alle Vorurteile, die man zu diesem Thema nur haben kann. Und dennoch entschied ich mich für eine Therapie.

Da ich nicht sofort einen Therapieplatz bekam, wurde meine Angst vom Hausarzt mit Beruhigungsmitteln auf ein erträglicheres Maß reduziert. Ich erinnere mich noch sehr gut an diese Zeit, in der ich mich wie durch Watte wahrnahm, alles gleichmäßig trist und grausam, in Mitten einer Wolke von Gefühlen, die ich nicht verstand. Ich fand dann eine gute Therapeutin, die mich nach fünf Einzelgesprächen in eine therapeutische Gruppe steckte. Mein Gott, wie sehr habe ich das gehasst, Gruppentherapie; ausgerechnet eine Gruppentherapie musste es sein. War es nicht schon schwer genug, mit einer Person über seine Traumen zu sprechen? Das Sprechen in der Gruppe machte mir meine Angst noch deutlicher bewusst. Ich kann mich nicht erinnern, dort auch nur ein einziges Mal entspannt gesessen zu haben. Und dennoch hat sich durch genau diese Gruppe einiges bewegt. Ich machte die Erfahrung, mit meinen Gefühlen nicht allein zu sein. Anderen waren ähnlich schreckliche Dinge widerfahren wie mir. Ich wurde hier nie wegen meiner Gefühle oder Gedanken verlacht (das hatte ich wohl befürchtet), ganz im Gegenteil, die Gruppe nahm Anteil an meinem Schicksal, und sie nahm mich sehr ernst. Diese Gruppe begleitete mich zwei Jahre; ich sprach in dieser Zeit über meinen Vater, über meine Angst, und ich machte die Erfahrung, dass ich verstanden wurde. Das war zu dieser Zeit schon sehr viel für mich, denn ich hatte nie mit jemandem über meine Vergangenheit reden können.

Ein Anfang war gemacht, aber zu mehr war ich damals noch nicht in der Lage. Die neuen Erfahrungen, die ich in der Gruppe sammelte, waren wichtig und richtig, aber das reichte nicht aus, um meine neurotischen Konflikte wirklich zu erkennen und zu lösen. Das alles war nur eine Vorbereitung auf dem Weg der inneren Erkenntnis, wenn auch ein notwendige. Diese Dinge brauchen für ihre Entwicklung einfach Zeit; denn Verhalten, das über Jahrzehnte erlernt und verfeinert wurde, ist schwierig zu erkennen (zumindest deren Hintergründe) und noch schwieriger zu verändern.

Während der zwei Jahre der Gruppentherapie ging ich zuerst zur Abendschule, um mich für die Aufnahme am Kolleg zur Erlangung der Hochschulreife zu qualifizieren. Dann holte ich an einer Tagesschule für Erwachsene mein Abitur nach. Eigentlich frage ich mich heute noch, wie ich das alles mit meiner neurotischen Angst im Gepäck geschafft habe. In dieser Zeit wohnte ich mit meiner besten Freundin zusammen in einer Wohngemeinschaft. Sie ist mit mir durch alle Höhen und Tiefen meines jetzt doch so schwierig gewordenen Lebens gegangen. Ich schätze, ohne sie hätte ich es nicht geschafft. Sie bot mir in dieser schweren Zeit Halt und Stütze, wie ich es nie zuvor in meinem Leben kennen gelernt hatte. Meine Familie wollte von meiner Therapie nichts wissen. Ich bin während der ganzen Zeit nicht einmal von ihnen gefragt worden, wie es mir geht. Das erscheint Ihnen sicherlich unvorstellbar, aber leider ist es wahr. Mehrmals in dieser Zeit war ich dem Selbstmord nah, aber meine Familie interessierte es einfach nicht. Sie war nicht für mich da, und ich musste mich mit dieser schmerzhaften Tatsache abfinden, was mir leider nur selten gelang.

Ich schlug mich während der gesamten Abiturzeit mit meinen Ängsten herum, manchmal waren sie kleiner, manchmal übermächtig groß. Aber letztendlich biss ich mich hartnäckig durch alle auftauchenden Hindernisse (reich an der Zahl und meist selbst produziert). Schließlich wollte ich diese Krankheit besiegen!

Die "große Liebe" oder eine "Neurose zu zweit"

Im letzten Jahr vor dem Abitur lernte ich Martin kennen, meine "große Liebe". Es war einfach wundervoll nach dieser schrecklichen Zeit, die ich durchlebt hatte, endlich verliebt zu sein. Ich ging auf in diesem Gefühl, das mich das Leben endlich wieder genießen ließ. Die Verliebtheit ließ mich das Leben wieder aus vollem Herzen bejahen. Ich machte mein Abitur, beendete meine Therapie und war nahezu frei von Symptomen. Ich war stolz und glücklich, das alles geschafft zu haben, und ich hielt mich für halbwegs gesund. Die Beziehung zu Martin sollte sechs Jahre und sechs Monate dauern und, wie ich im nachhinein feststellen sollte, ein großer Fehler sein. Ich hatte leider noch zu wenig von mir selbst begriffen, um nicht in diese Falle zu laufen. In meiner Bedürftigkeit nach Liebe wiederholte ich, mit diesem Mann nahezu komplett die kranke Beziehung zu meinem Vater. Am Anfang fiel mir zumindest eine deutliche Parallele auf; Martin war ebenso chronisch schmerzkrank wie es mein Vater gewesen war. Ich richtete mich oft nach seinen Wünschen und achtete wenig auf meine Bedürfnisse. Er konnte mich mit seinen Schmerzen zur Aufgabe eigener Bedürfnisse bewegen. Diese Verhaltensweise war mir schon bekannt. Ansonsten war Martin ganz anders als mein Vater. Er war trotz seiner Schmerzen unglaublich lebenslustig. Er war mitreißend in seiner Art, ein echter Strahlemann. Das war etwas, wofür ich ihn sehr bewunderte. Über all diese Bewunderung für diesen Mann machte ich mir keine Gedanken mehr über die Parallelen zu meinem Vater. Oder wollte ich mir keine Gedanken mehr dazu machen? - Wahrscheinlich kommt das der Wahrheit schon wesentlich näher. Hatte ich doch endlich Gelegenheit, der gescheiterten Beziehung zu meinem Vater zu neuem Leben zu verhelfen. Mit diesem Mann sollte es anders werden als es mit meinem Vater war. Dieses Wissen habe ich erst heute nach der Therapie, damals ist mir nichts von all dem bewusst gewesen.

Obwohl ich Martin einen Teil meiner Geschichte anvertraute, verließ er mich nicht. Ein Verhalten, das ich von meinem Vater erwartet hätte, wenn er um mich gewusst hätte. Daraus schloss ich, dass Martin meinem Vater unähnlich sei. Ich ließ mich ein auf diesen Mann. Ich fühlte mich zum ersten Mal in meinem Leben um meiner Selbst willen geliebt, und ich erwiderte diese Liebe aus ganzem Herzen. Die Beziehung zu Martin hatte allerdings wenig Gelegenheit für unbeschwerte Zeiten, denn er war nahezu ständig krank. Meist waren es ernste Erkrankungen, und mehr als einmal drohte ihm der Rollstuhl. Ich begleitete ihn durch all seine Operationen und langwierigen Krankenhausaufenthalte. Ängste um Zukunft und Existenz spürte ich deutlicher als er, denn er war ein wahrer Meister der Verdrängung. Irgendwie schaffte er es immer wieder, ein sonniges Gemüt zu bewahren, obwohl alle Umstände dagegen sprachen. Diese gemeinsamen Erlebnisse und meine Begleitung seiner Not schweißten uns sehr eng zusammen. Und wir fühlen uns beide sehr wohl in unserer selbst gewählten Enge. Heute glaube ich, dass wir beide diese übermäßige Nähe brauchten, um uns des Anderen gewiss zu sein, es gab uns das Gefühl von Sicherheit.

Wir mieteten gemeinsam ein Haus auf dem Lande, etwas, wovon ich immer schon geträumt hatte. Und ausnahmsweise war die Wirklichkeit einmal wesentlich schöner, als ich es mir erträumt hatte. Ich liebte es, der Natur so nah zu sein. Ich legte für uns einen Garten an und hatte Freude daran, meine selbst gesäten Blumen sprießen zu sehen. Ich liebte es, vom Esstisch aus den Eichhörnchen zuzusehen und bei Spaziergängen über ein Reh oder einen Fuchs zu stolpern (beim Fuchs müssen Sie das nicht so wörtlich nehmen). Diese Umgebung tat meiner Seele einfach gut, es war ein Gefühl von „endlich Zuhause angekommen" zu sein.

Diesen Traum zerstörte Martin mir, da er sich in einem Streit mit dem Vermieter sehr kompromisslos verhielt und uns nichts anderes blieb, als dieses Paradies zu verlassen. Er musste unbedingt mit dem Kopf durch die Wand, wenn er sich im Recht fühlte! Eine seiner besonderen Eigenschaften! Ich habe ihm sehr lange übel genommen, dass ich mein Paradies verlassen musste, aber gesagt habe ich nichts.

Nach dem Abitur hatte ich eine Stelle in der ambulanten Krankenpflege angetreten und konnte durch Überstunden auch mal etwas mehr zu verdienen. Ich nutzte diese Möglichkeit, wenn Martin über einen längeren Zeitraum krank geschrieben war; denn uns wurde das Geld durch die niedrigere Krankengeldzahlung oft knapp. Damals begannen wir immer häufiger zu streiten, denn ich war von der Arbeit oft total erledigt, und Martin überschüttete mich mit seinen Wünschen, wenn ich nach Hause kam. Meist hatte er den Tag damit verbracht, auf mich zu warten, und jetzt sollte für ihn das pralle Leben beginnen. Ich jedoch wollte oft nur noch meine Ruhe haben. Schließlich begann unsere Beziehung zu kippen, denn sie hatte immer weniger mit mir und meinen Bedürfnissen zu tun. Alles drehte sich nur noch um seine Wünsche, die sich an mich richteten und von mir erfüllt werden sollten. Es war eine langsame, schleichende Veränderung, die ich nicht erkannte, die mich aber sehr unzufrieden machte. Erst heute frage ich mich, wie dieser Mann dazu kam, das alles mit solch unerschütterlicher Überzeugung einzufordern. Ich bin mir sicher, dass er die Berechtigung seiner Forderungen an mich nie in Frage gestellt hat. Ich hingegen habe mir leider ein solches Recht nie gegeben. Nur vorsichtig versuchte ich auf meine Wünsche aufmerksam zu machen, aber meist ohne Erfolg. Ich hatte nicht gelernt, Wünsche einzufordern. Wurden meine Bedürfnisse nicht erfüllt, so führte das nicht wie bei ihm zu Streit, sondern zu einem beleidigten Rückzug meinerseits. Ein Rückzug bis zum fast völligen Verschwinden meiner Persönlichkeit. Ich war allzu sehr daran gewöhnt, nicht mit meinen Bedürfnissen und Gefühlen berücksichtigt zu werden. Darum zog ich wohl keinerlei Konsequenz aus meiner Unzufriedenheit. Im fünften Jahr unserer Beziehung hatten wir gemeinsam ein einschneidendes Erlebnis, das unser Leben und unsere Beziehung noch mehr erschweren sollte.

Der Tod eines Freundes

An einem wunderschönen Frühlingstag feierten wir gemeinsam mit Freunden den 30. Geburtstag einer Freundin, und wir hatten dem Alkohol, wie auf solchen Festen durchaus üblich, reichlich zugesprochen. Wir feierten ausgelassen bis tief in die Nacht, und unsere Stimmung war außerordentlich gut. Da wir beide getrunken hatten, beschlossen wir das Angebot eines befreundeten Paares, bei ihnen zu übernachten, anzunehmen. Gegen Morgen fuhren wir gemeinsam mit einem Taxi zu Birte und Henri. Die beiden erzählten uns in dieser Nacht von ihren Hochzeitsplänen, schließlich waren sie schon seit acht Jahre zusammen. Auf Empfängnisverhütung verzichteten die beiden bereits, da auch Nachwuchs geplant war.

Diese Wünsche sollten sich nicht erfüllen; denn die Realität holte uns noch in dieser Nacht in ihrer ganzen Grausamkeit ein.

Martin und Henri waren gut gelaunt und sturzbetrunken, sie wankten gemeinsam die Treppe hinauf. Birte und ich waren zwar ebenfalls stark angeheitert, aber deutlich besser zu Fuß. Wir befanden uns im vierten Stockwerk des Treppenhauses, einen Treppenabsatz höher als die beiden, als etwas Schreckliches geschah. Wir sahen, dass Martin und Henri miteinander verspielt kabbelten, Birte machte eine kurze

Geste, die andeutete, dass wir die beiden von ihrem Handeln abhalten sollten; ich wehrte ab und sagte: "Besoffene und kleine Kinder fallen immer auf die Füße!", - ein Satz, den ich zutiefst bereuen sollte.

Im gleichen Moment, hörten wir ein lautes Poltern und Schmerzenslaute. Wir dachten zunächst, die zwei seien rückwärts die Treppe herunter gefallen, aber das waren sie nicht. Wir rannten nach unten, um nachzusehen, was passiert war.

Martin und Henri waren ungefähr zehn Meter tief durch den breiten Treppenschacht gestürzt und unten auf dem Marmorboden der Vorhalle aufgeschlagen. All das geschah furchtbar schnell, aber dennoch ist mir noch heute jedes Detail im Gedächtnis. Wir fanden Martin auf der letzten Treppe sitzend vor, im Schock und aus einer kleinen Kopfplatzwunde blutend. Sein Blick war starr auf den am Boden liegenden Freund gerichtet. Ich konnte nicht glauben, was ich sah. Ich war schlagartig stocknüchtern und mein Herz raste vor Angst. Henri war aus dieser Höhe mit dem Kopf zuerst auf den Marmorboden geschlagen. Langsam bildete sich eine immer größer werdende Blutlache unter seinem Kopf. Ich hockte mich mit zitternden Händen zu ihm und kontrollierte seinen Puls und seine Atmung. Birte rannte in ihre Wohnung und rief einen Rettungswagen herbei. Als sie wieder unten war, hatte Henri aufgehört zu atmen, sein Puls war, wenn auch rasend und sehr flach, noch vorhanden. Ich begann mit der Beatmung. In meinem Kopf rasten die Gedanken hin und her. Ich konnte es einfach nicht glauben, unser Freund starb hier und jetzt vor meinen Augen. Obwohl ich selbst unter Schock stand, wusste ich ganz genau, was ich zu tun hatte, schützt diese Blockade im Kopf doch auch vor der Handlungsunfähigkeit. Ich schickte Birte nach draußen auf die Straße, um den Rettungswagen einzuweisen, denn ich wusste aus eigener Erfahrung nur zu genau, dass sie diese Bilder nie mehr vergessen würde. Als die Rettungskräfte nach wenigen Minuten, die uns wie Stunden vorkamen, endlich da waren, setzte auch der Herzschlag von Henri aus. Sie begannen im Hausflur mit der Reanimation, ich hatte mich an die Wand des Flures gepresst, um Halt zu finden; denn jetzt wirkte sich der Schock auch in mir aus. Ich begann wie Espenlaub zu zittern. Es gelang mir nicht, die Augen von dem, was hier geschah, abzuwenden. Es kam mir vor, als sei ich in einen schlechten Film geraten, der doch nichts mit der Realität zu tun haben konnte. Das konnte einfach nicht sein. Das durfte nicht sein. Sowohl mein Verstand als auch mein Gefühl weigerten sich, die bittere Realität anzunehmen.

Das alles erlebte ich wie in dichtem Nebel, der jegliche Konturen schluckt, nichts war mehr deutlich für mich zu erfassen.

Martin kam in ein anderes Krankenhaus als Henri, er hatte eine Kopfplatzwunde und eine Knochenabsplitterung im Arm und jede Menge blauer Flecken. Er erinnerte sich nur noch daran, dass er sich im Sturz an verschiedenen Dingen im Treppenhaus festgehalten hatte und dann auf Henri gelandet war. Der Körper unseres Freundes hatte seinen Sturz abgemildert, eine Erinnerung, unter der er sehr gelitten hat. Nachdem ich mich vergewissert hatte, dass Martin nicht schwer verletzt war, rief ich meine beste Freundin an und bat sie, mich zu Henri ins Krankenhaus zu bringen. Sie kam, obwohl es bereits drei Uhr nachts war, sofort und stand mir zur Seite. Henri war in dem Krankenhaus und auf der Intensivstation, auf der ich jahrelang gearbeitet hatte. Birte und Henris Eltern waren schon dort und warteten auf die Untersuchungsergebnisse. Zwischendurch kam die Kripo und befragte mich und Birte zum Unfallhergang. Ich erinnere mich, dass ich jetzt schon nur noch davon sprach, dass ich es vielleicht hätte verhindern können, wenn wir die beiden von ihrer Kabbelei abgehalten hätten. Ich war wieder einmal allzu bereit, mir selbst Schuld zuzuweisen. Es sollte Jahre dauern, bis ich wirklich daran glaubte, nichts falsch gemacht zu haben.

Kurz nach der Befragung durch die Kripobeamten erfuhren wir, dass Henri an der Schwere seiner Hirnverletzung gestorben war. Jetzt war es meine Aufgabe, Martin darüber zu informieren, und mit letzter Kraft machte ich auch das noch. Er brach völlig in sich zusammen, und ich befürchtete, dass er sich etwas antun würde. Mich überfiel eine quälende Angst, die ich nur allzu gut kannte. Aber entgegen meiner Befürchtung hielt er das alles aus, und meine Besorgnis löste sich nach wenigen Tagen wieder auf.

Die nächsten Wochen und Monate waren geprägt von unseren Versuchen, nicht in diesen vernichtenden Gefühlen von Trauer, Depression und Selbstvorwürfen unterzugehen. Die Bilder, die wir im Kopf hatten, wollten einfach nicht an Lebendigkeit verlieren.
Wir weinten häufig und sprachen viel über unsere Gefühle. Leider schloss Birte uns aus ihrem Leben aus, denn wir erinnerten sie immer wieder an diesen Tag, der ihr Leben auf so grausame Weise verändert hatte. Vielleicht schmerzte es sie zu sehen, dass wir uns noch hatten. Wir verstanden ihr Handeln, aber dennoch tat es unglaublich weh, keinen Kontakt mehr zu ihr haben zu dürfen. Es machte uns noch einmal schuldig, zumindest in unserem Erleben. Waren wir doch schuldig, weil unser gemeinsames Leben weiterging. Ich habe Birte bis heute nicht

wieder gesehen, und ich muss sagen, dass ich den Tag fürchte, den Tag und die Gefühle, die in mir aufsteigen werden.

Die letzten zwei Jahre der Beziehung

Wir machten uns sehr lange Gedanken, wie wir wieder Freude in unser Leben bringen könnten. Uns war doch deutlich vor Augen geführt worden, dass das Leben verdammt kurz sein konnte. Mir wurde nach diesem tragischen Unfall klar, dass meine Bindung zu Martin viel zu eng war, denn ich hatte die deutlich Vorstellung, dass, wenn er gestorben wäre, ich nicht mehr hätte leben wollen. Ich wollte etwas nur für mich, etwas, das nur zu mir gehört und das mir Sinn und Lebensfreude geben würde. Also beschloss ich, mir einen Kindheitswunsch zu erfüllen: Ich kaufte gemeinsam mit einer Freundin ein Pferd. Martin erfüllte sich ebenfalls seinen größten Wunsch: Er kaufte sich sein Traummotorrad. Und genau an dieser Stelle trennten sich unsere Wege mehr und mehr, denn ich hatte große Angst vorm Motorrad fahren, und ich hasste es, wenn er mich dazu nötigte. Ich fuhr so manches Mal mit, obwohl ich jedes Mal fast vor Angst starb, aber zu einem deutlichen "Nein!" war ich nicht in der Lage. Ich wollte unsere sowieso zerbrechlich gewordene Harmonie nicht durch meine Verweigerung stören. Martin hingegen hatte weniger Schwierigkeiten, seine wahren Gefühle zu äußern.

Er hasste mein Pferd, denn ich verbrachte meine Zeit gerne mit ihm, und das Pferd entwickelte sich aus seiner Sicht zur Konkurrenz. Er hatte ständig das Gefühl, ich würde ihn vernachlässigen. Immer wieder musste ich mich rechtfertigen, warum ich so lange beim Pferd gewesen war, oder warum ich müde war usw. Erschwerend kam hinzu, dass Sex zum ständigen Streitthema zwischen uns wurde, denn wir hatten mittlerweile völlig unterschiedliche Auffassung, was die Häufigkeit betraf. Martin war immer noch mehrmals am Tag dazu in der Lage und klagte seine Bedürfnisse ständig ein. Was mir zu Anfang der Beziehung als eine erfreuliche Fähigkeit erschien, wurde mir jetzt zur Last. Bei mir hatte sich das Bedürfnis nach Sexualität mit der Zeit etwas reduziert. Ich war glücklich und zufrieden, wenn ich zwei mal die Woche Sex mit ihm hatte. Ich hatte das deutliche Gefühl, dass mit Martin da etwas nicht stimmte, aber er hielt sich für völlig normal. Er schob die Schuld mir zu und gab mir ständig das Gefühl, in dieser Hinsicht unzulänglich zu sein. Ich hörte wie so oft nicht auf mein Gefühl; denn dann hätte ich ja handeln müssen, und das wollte ich wohl nicht. Also besser "nichts merken" und die Situation ertragen, statt wieder jemanden zu verlieren. Es gab diese Momente nicht mehr, in denen ich liebevoll angefasst wurde, ohne dass es dabei auf Sex hinaus lief. Ich fühlte mich meist unglücklich und überfordert, und dennoch kam ich nicht auf die Idee mich von ihm zu trennen. Heute ist mir klar, warum ich so ein Brett vor dem Kopf hatte. Ich war es von Kindheit an gewohnt, dass, was ich auch leistete, nie genug war. Ich kam gar nicht erst auf die Idee ihm zu sagen, dass es mir jetzt reicht und dass er mir die Freude an der Sexualität durch sein ständiges Genörgel langsam verleidete. Ich war es so sehr gewohnt, die Schuld bei mir zu suchen, dass ich sein Verhalten nicht oder nur ungenügend in Frage stellte. Die Liebe ist nicht kostenlos und um meiner selbst willen, mein Vater hatte mich das gelehrt. Denn auch bei meinem Vater reichte es ja nie für seine Liebe. Martin reichte es auch nicht, er trennte sich nach sechs Jahren und sechs Monaten von mir. Er hatte sich in eine meiner Freundinnen verliebt und entschieden, es mit ihr zu versuchen.

Kurze Zeit nach unserer Trennung erkrankte er psychisch, er litt plötzlich unter Ängsten und hatte große Schwierigkeiten allein zu sein. Ich glaubte immer noch, diesen Mann zu lieben und über sein Kranksein bekam er von mir nochmals meine volle Aufmerksamkeit und Zuwendung. Im Gegenzug terrorisierte er mich noch einige Monate, indem er sich einfach nicht für eine Frau entscheiden konnte. Er übernahm keinerlei

Verantwortung für sein verletzendes Verhalten, entschuldigte alles mit seinem Unvermögen sich zu entscheiden und seiner neuen Krankheit.

Seine Entschuldigung war, die "Aber ich kann doch nicht anders"-Haltung, die er jetzt um sich herum verbreitete. Und ich übernahm, in meiner Sehnsucht nach seiner Liebe, keine Verantwortung für meine Gefühle und schützte mich nicht vor seinem verletzenden Verhalten. Ich war zu sehr in Abhängigkeit zu diesem Mann geraten.

Es war schon lange keine Liebe mehr, die uns beide verband, aber das sollte ich erst viel später in der Therapie begreifen. Erst nachdem Martin mir von seiner von Jugend an bestehenden Sexsucht erzählte, gab ich mir genug Wert, um endlich einen Schluss-Strich zu ziehen, gab ich mir genügend Wert oder war die Verletzung so groß? Jedenfalls war jetzt endlich Schluss mit dieser fatalen Beziehung. Er hatte mir erzählt, dass er sich seit dem sechzehnten Lebensjahr mehrmals täglich selbst befriedigen muss, und dass ihn die Zwanghaftigkeit, mit der er das tat, sehr quält.

Ich kam mir furchtbar missbraucht und belogen vor. Ich hatte so fest an seine Liebe und Aufrichtigkeit geglaubt. Auch dieser Mann hatte mich im Namen der Liebe für seine Bedürfnisse missbraucht. Er hatte mir jahrelang eingeredet, dass mit mir und meiner Sexualität etwas nicht stimmte, obwohl er doch nur zu genau wusste, dass er es war, bei dem etwas nicht stimmte.

Dieser Mann, der vorgab mich zu lieben, hatte mir sechs Jahre lang seine Lebenslüge untergejubelt. Ich war schrecklich wütend auf ihn, aber ich konnte diese Wut nicht leben; denn ich hatte Angst, dass er sich dann umbringen würde. Es wird für Sie erst später in meiner Geschichte deutlich, warum ich sofort diese Phantasie hatte. Aber genau diese Phantasie reichte aus mich zu begrenzen. Also schluckte ich meine Wut herunter. Ich war so unendlich traurig, aber ich konnte nicht weinen, denn ich hatte das Gefühl, nie mehr damit aufhören zu können. Mit aller Macht hielt ich meine Gefühle fest. Obwohl ich einen großen Schmerzensschrei in meiner Kehle fühlte, blieb ich stumm.

Vier Monate brachte ich es fertig, mit dieser Gefühlswelt zu leben und dennoch zu funktionieren, dann brach die Angstneurose erneut aus, und dieses Mal war es wesentlich schlimmer als beim ersten Mal.

Die erste Krise

Die Angst brach auf dem Weg zur Arbeit aus, plötzlich war sie wieder da, übermächtig und nicht zu kontrollieren. Ich brach in Tränen aus und begann zu zittern wie Espenlaub. Die innere Gewissheit, dass jetzt nichts mehr gehen würde, machte sich in mir breit.

"Ich kann nicht mehr!", das war mein einziger Gedanke. Diese furchtbare, alle anderen Gefühle überdeckende Angst war aus meiner Seele zu mir zurückgekehrt.

Es ging wirklich nichts mehr, also meldete ich mich krank und versuchte so schnell wie möglich einen Therapieplatz zu bekommen.

Das alles war jedoch anders als beim ersten Mal, ich konnte mich und meine Gefühle viel weniger kontrollieren, sie waren einfach zu übermächtig. Sie schienen mich zu überfluten, ohne dass ich darauf Einfluss hatte. Ich fühlte mich wie ein Topf, der unter mächtigem Druck stand. Und ich hatte Angst, den Verstand verlieren, wenn dieser Topf explodieren würde. Deshalb versuchte ich weiter, meine Emotionen festzuhalten, aber es fiel mir von Tag zu Tag schwerer. Nach wenigen Wochen war ich total abgekämpft und ausgezehrt. Ich hatte mittlerweile deutlich an Gewicht verloren und dicke schwarze Ränder unter meinen Augen. Es ließ sich nicht mehr leugnen, ich brauchte dringend Hilfe. Aber es dauerte noch einigen Wochen, bis ich endlich einen Platz in einer psychosomatischen Rehaklinik bekam. Trotz meiner Vorurteile trat ich diese Kur an; denn meine Angst war in einem so starken Maße gewachsen, dass ich kaum noch das Haus verlassen konnte. Es war mir nicht einmal mehr möglich, zu meinem Pferd zu gehen, so groß und übermächtig war die Angst, auffällig zu werden. Ich wusste, ich würde um mich kämpfen müssen, sonst wäre Selbstmord die einzige Lösung. Meine jetzige Gefühlswelt war mit dem Leben nicht zu vereinbaren. Es schien keine andere Möglichkeit mehr zu geben, als den Kampf mit meiner Lebensgeschichte erneut aufzunehmen.

In der Klinik war es Gott sei Dank ganz anders, als ich mir das zuvor vorgestellt hatte. Mich beruhigen und Kräfte sammeln, das stand im Vordergrund, und dieses Mal musste ich mir meine Vergangenheit genauer ansehen als beim ersten Mal. Aber womit sollte ich nur anfangen? Es war doch soviel passiert und das meiste davon war so stark mit Scham besetzt, dass ich mir nicht vorstellen konnte, jemals mit einem Menschen darüber zu reden. Ich hoffte, einer weibliche Therapeutin zugeordnet zu werden, aber so leicht macht einem das Leben die Dinge nicht. Ich bekam natürlich einen männlichen Therapeuten, der meine Angst und Unsicherheit zunächst noch verstärkte. Die schrecklichsten Erfahrungen in meinem Leben hatte ich schließlich mit Männern gemacht. Wie also sollte ich mich ausgerechnet hier vertrauensvoll an einen Mann wenden?

Ich wurde einer therapeutischen Gruppe zugeordnet, in der die Mitglieder ähnliche Erkrankungen hatten wie ich. Meine Mitpatienten wirkten entlastend auf mich, denn sie hatten genauso große Angst wie ich, über sich, ihre Gefühle und Traumen zu sprechen. Es war wohltuend, nicht allein zu sein mit dieser mich so sehr quälenden Angst. Hier gab es Menschen, die ähnliche Probleme hatten, und sie kamen mir überhaupt nicht wie Verrückte vor. In der Klinik erlebte ich, wie es in kürzester Zeit zu einer echten inneren Nähe und einem so starken Zusammenhalt kam, den nur Not zu erzeugen vermag. Egal, wie ungewöhnlich oder exotisch jemand sich auch verhielt, er oder sie wurde aufgenommen in diese Gemeinschaft, denn es gab sicherlich einen plausiblen Grund für sein oder ihr ungewöhnliches Verhalten.

In dieser Hinsicht waren wir wohl weiser, als es die meisten Menschen da draußen in der ach so "normalen Welt" sind, oder waren wir nur wohlwollender? Jedenfalls hatte schon allein die Gemeinschaft der Mitpatienten etwas Heilsames an sich. Ich kann sagen, das ich trotz meines Berufes nie zuvor so viel Tränen, so viel Leid und so viel Wut gesehen und so viele schreckliche Lebensgeschichten gehört hatte. Gleichzeitig hatte ich nie zuvor einen so immensen Lebenswillen gespürt, der sich mit aller Macht gegen diese Verzweiflung und Hoffnungslosigkeit stemmte, um all das überleben zu können. Ich lernte dort ganz große Persönlichkeiten kennen, die trotz oder gerade wegen ihrer Lebensgeschichte respektvoll und großherzig mit anderen umgingen. Viele von ihnen waren nach meiner Auffassung überdurchschnittlich intelligent. Aber sie selbst gaben sich aufgrund ihrer Geschichte meist keinerlei eigenen Wert.

Sie hatten die Fähigkeit zur realistischen Selbsteinschätzung ebenso wenig erlernt wie ich. Ich verbrachte neun Wochen in der Klinik, kam dort zu Kräften und beruhigte mich ein wenig. In der Gruppentherapie konnte ich zumindest einen Teil der Zusammenhänge meiner gescheiterten Beziehung und meiner Beziehung zu meinem Vater erarbeiten. Die Angst verlor ich dadurch natürlich nicht, davon war ich noch weit entfernt. Es sollte noch Monate dauern, bis ich so weit in meine Vergangenheit zurückgehen konnte, um zumindest die Ursache meiner Angst zu verstehen.

Aus der Klinik wurde ich wieder ins Arbeitsleben zurück geschickt.

Und ich bin vor Angst fast gestorben. Obwohl ich alle Patienten in meiner Tour gewechselt hatte, weil ich Angst hatte, dass sie meine Veränderung bemerken würden, tat ich mich unglaublich schwer mit dem Wiedereinstieg in die Arbeit. Ich kotzte so manchem Patienten vor meinem Einsatz ins Blumenbeet, so stark lastete der Druck auf mir, nicht versagen zu dürfen. Ich war einfach nicht in der Lage, mir Unsicherheiten zuzugestehen. Das Bild der Verunsicherten passte so gar nicht zu meinem inneren Bild der haltenden und stützenden Krankenschwester. Und ich wollte die perfekte Krankenschwester sein, die alles spürt, nur sich selbst nicht.

Die ambulante Therapie

Der Therapeut aus der Rehaklinik bot mir einen ambulanten Therapieplatz an, und ich willigte trotz meiner Vorbehalte, die ich ja immer noch gegen einen männlichen Therapeuten hatte, ein. Ich folgte damit meiner Phantasie, die mir sagte, dass genau das, was mir am schwersten fiel, mich vermutlich heilen würde. Ich hatte das unbestimmte Gefühl, mit diesem Mann neue Erfahrungen sammeln zu können. Ich werde ihn hier "Dr. A" nennen, nicht weil es seine Kürzel wären, sondern weil ich ihn im ersten Jahr der Therapie oft so nannte, das große "A" steht für Arschloch. In meinen Augen hatte er sich diesen Zusatztitel im ersten Jahr meiner Therapie ebenso verdient wie seinen Doktortitel. Manchmal nannte ich ihn auch: Dr. "Ich habe die Weisheit mit einer großen Schöpfkelle gefressen.", aber ich schätze, das ist einfach zu lang.

Das klingt ganz so, als wäre dieser Therapeut schlecht für mich, aber das ist er nicht, er hat es mir am Anfang nur nicht besonders leicht gemacht. Oder ich habe es mir mit ihm nicht leicht gemacht? Auf jeden Fall hat es anfangs mit uns nicht besonders gut geklappt.

Was er auch versuchte, mir löste es Angst aus. Heute nenne ich ihn nur noch selten so, denn das hat er wirklich nicht verdient. Mittlerweile hat er sich bewährt und ist mir ein guter Begleiter auf meinen inneren Pfaden.

Wir begannen mit einer tiefenpsychologisch fundierten Psychotherapie, was soviel bedeutet wie, drehe deine komplette Kindheit und Jugend auf links und erzähl es deinem Therapeuten. Dieses Mal war es keine Gruppen-, sondern eine Einzeltherapie, die in wöchentlichem Rhythmus statt fand. Ich begann in der Therapie zunächst, über meine Kindheit zu sprechen, da dort die Wurzeln meiner Erkrankung zu suchen waren. Ich kann sagen, dass mir zuvor nie bewusst gewesen war, wie unglücklich meine Kindheit verlief, denn die meisten Erinnerungen kamen mir erst durch die Therapie wieder ins Bewusstsein. In meiner Erzählung werden sich jetzt Erinnerungen und Erkenntnisse durch die Therapie vermischen. Diese Dinge liegen nie so klar auf der Hand, sondern sind das Ergebnis langer und schmerzhafter therapeutischer Arbeit. Erinnerungen, die zuvor verschüttet waren, kehrten von ganz allein zu mir zurück, als ich begann, mich mit meiner Vergangenheit zu beschäftigen. Es gibt wohl die verschiedensten Möglichkeiten, zu seinen Erinnerungen und Gefühlen zurückzukehren; wir arbeiteten oft mit dem Bild des inneren Kindes.

Das innere Kind lässt sich als therapeutisches Mittel nutzen, denn es ist mit seinen Erinnerungen, Verletzungen und verzweifelten

Sehnsüchten in unserem Inneren vorhanden, auch wenn wir uns schon lange für erwachsen halten. Das innere Kind ist das Kind, das man einmal war, und wenn man es zulässt, kann es wieder lebendig und spürbar werden. Mit diesen Empfindungen des inneren Kindes lässt sich therapeutisch arbeiten. Für den Therapeuten wird sichtbar, an welchen Stellen in der psychischen Entwicklung des Klienten es zu Störungen kam, und er kann versuchen, an diesen Stellen therapeutisch einzugreifen.

Meine Kindheit

Ich wurde als drittes Kind in eine Arbeiterfamilie geboren und, wie mir von meiner Mutter erzählt wurde, war ich willkommen. Aus den Erzählungen meiner Mutter weiß ich auch, dass ich ein grottenhässliches Baby war. Ich war durch die schwere Geburt grün und blau gedrückt und, als würde das nicht schon reichen, ich war auch noch am ganzen Körper mit schwarzen Haaren übersät. Meine Mutter erntete so manchen entsetzten Blick für das unschöne Produkt ihrer Lenden. Na ja, das hat sich mittlerweile "Gott sei Dank" so ziemlich rausgewachsen.
Meine Eltern hatten sich zwei Kinder gewünscht, und da einer meiner Brüder kurz nach der Geburt starb, bekam ich meine Chance zum Leben.
- Wieso macht sich bei diesen Gedanken das Gefühl in mir breit, dass mein Leben schon mit Schuld begann?
Meine ersten sechs Lebensjahre sind für mich wohl ganz gut gelaufen, sowohl in meiner Erinnerung, als auch wenn man die Art meiner Erkrankung betrachtet. Ich schätze, ich hätte eine schwerere Persönlichkeitsstörung entwickelt, wenn ich in diesem Zeitraum nicht das Überlebenswichtigste für meine Persönlichkeitsentwicklung von meinen Eltern erhalten hätte. In meiner Erinnerung wurde ich liebevoll umsorgt, sowohl von meiner Mutter als

auch von meinem Vater. Ich trage liebevolle Bilder aus diesem Zeitraum in meinem Herzen, Bilder vom "Gehalten werden", vom Toben mit meinem Vater, von gemeinsamen Schlittenfahrten, berauschenden Weihnachtsfesten und goldenen Sommern. Jetzt, während ich das schreibe, kann ich das Lachen meines Vaters noch förmlich hören. Zu dieser Zeit wusste ich noch ganz genau, dass ich geliebt und angenommen wurde. Noch war ich ein glückliches Kind! Für die Eltern unter Ihnen möchte ich von einer Erinnerung erzählen, die die Bedeutung von kleinsten Gesten für Kinder deutlich macht.

Diese wunderschöne Erinnerung werde ich wohl nie vergessen, obwohl sie eigentlich, durch erwachsene Augen betrachtet, unbedeutend ist. Ich feierte meinen sechsten Geburtstag, und ich kann mich beim besten Willen nicht an das eigentliche Geschenk meiner Eltern erinnern. Ich erinnere mich aber sehr wohl daran, wie es war, als mein Vater an diesem Tag endlich von der Arbeit nach Hause kam. Er schenkte mir das schönste Lächeln der Welt und drückte mich ganz fest an sich, er hatte mir noch ein ganz persönliches Geschenk mitgebracht: eine Tafel Schokolade und einen blauen Plastikschlumpf. Das hatte mein Vater nur für mich mitgebracht, er hatte an mich gedacht. Das war so wichtig für mich, dass ich es bis heute nicht vergessen habe.

Ich fühlte mich in diesem Moment von meinem Vater geliebt, und das nur durch diese winzige Geste. Wir Töchter sind äußerst genügsam, wenn es um Liebesbeweise der Väter geht. Vielleicht denken Sie einmal über die Bedeutung kleiner Gesten für ihre Kinder nach, und ich hoffe, ich kann Sie dazu verführen, ihre Kinder manchmal mit einer Aufmerksamkeit zu verwöhnen.

Ihre Kinder sind keine Selbstverständlichkeit, auch wenn es Ihnen manchmal so vorkommt. Sie sind ein Geschenk, auf das Sie gut aufpassen sollten. Vergessen Sie das bitte nicht, auch wenn dieses Geschenk manchmal unglaublich nerven kann.

Die psychische Gesundheit eines Menschen ist keine Eigenleistung, sondern zu einem großen Teil ein Verdienst der Eltern.

Die einzige traumatische Erfahrung, die ich der früheren Kindheit zuordne, ist eine mehrwöchige Trennung von meinen Eltern. Damals war es üblich, seine Kinder im Alter von fünf Jahren in eine Kinderlandverschickung zu geben; wohl damit die Kinder sich daran gewöhnten, auch mal von Zuhause getrennt zu sein. Eine wirklich blödsinnige Vorbereitung auf die bald beginnende Schulzeit.

Nach dieser langfristigen Trennung vom Elternhaus sollten dem Kind die wenigen Stunden der Trennung durch die Schule wie ein

Schlaraffenland vorkommen. Für mich jedoch war diese Erfahrung eher traumatisch als hilfreich.

Ich erinnere mich noch heute sehr gut daran, wie sehr mich das Heimweh gequält hat und dass ich sehr viel geweint habe. Das Weinen jedoch war dort verboten; wer zuviel weinte, wurde für einen längeren Zeitraum auf den Flur gestellt. Wer sein Essen nicht aufgegessen hatte, wurde ebenfalls auf den Flur gestellt, usw.

Es war ein kalter, dunkler Flur mit hohen, Ehrfurcht einflößenden Gewölben. Vielleicht waren sie nicht wirklich so hoch, vielleicht war ich nur so unglaublich klein. Jedenfalls hatte ich große Angst, wenn ich dort stehen musste, und ich fühlte mich unendlich verlassen.

Ich denke, Sie können deutlich sehen, dass der Umgang mit den Kindern damals wenig mit dem heutigen Verständnis von Pädagogik zu tun hat. Das betreuende Personal bestand vorwiegend aus Nonnen, und mir ist heute noch völlig unklar, wie diese Gottesfrauen ihr grausames Verhalten gegenüber den Kindern mit ihrer christlichen Gesinnung vereinbaren konnten. Diese " Kröten" haben uns auf einer Art Pausenhof Schnecken sammeln lassen, vor denen ich mich schrecklich geekelt habe. Ich schätze, sie wurden als Weinbergschnecken verkauft, und es ist gut möglich, dass die Nonnen das Geld in "Klosterfrau Melissengeist" umgewandelt haben.

Mit Bestimmtheit lässt sich das natürlich nicht sagen.

In meiner Kindheit kam ich sehr oft mit Nonnen in Kontakt, sowohl im Kindergarten, in der christlichen Jungschar, als auch am Arbeitsplatz meiner Mutter.

Sie arbeitete damals als Küchenhilfe auf der Entbindungsstation eines katholischen Krankenhauses, und sie nahm mich von klein auf häufig mit. Während der Dienstzeit meiner Mutter passten die Nonnen auf mich auf, und sie überschütteten mich mit all ihrer überschüssigen Mutterliebe. Was kann es für ein Kind schöneres geben, als derart im Mittelpunkt zu stehen und mit Liebe und Fürsorge überschüttet zu werden? Leider übergossen die Nonnen mich nicht nur mit ihrer Liebe, sondern auch mit allem, was sie für gut und richtig hielten. Dazu gehörten leider auch die strengen moralischen Regeln der katholischen Kirche. All ihre Weisheit vermittelten sie mir in kleinen kindgerechten Happen. Diese Lehren waren wohl äußerst prägend für mich, denn ich habe diesen Mist sehr verinnerlicht, obwohl ich nicht aus einer gläubigen Familie stamme.

Endlich mal etwas, dass ich nicht meiner Familie anhängen kann.

Aus heutiger Sicht halte ich stark verinnerlichte kirchliche Normen oder zumindest die hohe Moralität der Kirche für eine Behinderungsart. Sie kleisterten mich mit inneren Verbotsschildern aus, und dies behinderte mich, eine psychisch gesunde Persönlichkeit zu entwickeln.

Mit sechs Jahren wurde ich eingeschult, und ungefähr zu diesem Zeitpunkt erkrankte mein Vater schwer. Er hatte ständig starke Kopfschmerzen, und ein mehrwöchiger Klinikaufenthalt ergab, dass mein Vater an einer Gefäßverengung im Gehirn litt, die damals noch nicht erfolgversprechend operiert werden konnte. Die Therapiemöglichkeiten, die es damals gab, führten für meinen Vater nur zu mehr Schmerzen. Ich erinnere mich noch an die Gespräche mit den Ärzten, denn ich war, obwohl erst sechsjährig, immer dabei. Den Sinn der gesprochenen Worte konnte ich in diesem Alter noch nicht ganz erfassen, aber die Angst meiner Eltern war für mich sehr wohl spürbar. Leider waren meine Eltern derart mit ihrem Leid und ihren Sorgen beschäftigt, dass sie vergaßen, mir all das zu erklären. Sie vergaßen auch, mich zu schützen, denn es war schrecklich für mich mitanzusehen, wie sehr mein Vater litt, ohne die Möglichkeit zu bekommen zu verstehen, was hier mit ihm passierte. Schlimmer noch als die Schmerzattacken meines Vaters wirkte sich für mich seine Verhaltensänderung aus. Ich begriff seine Veränderung nicht, er war doch vorher so lustig gewesen, er hatte doch sonst mit uns gespielt und gelacht. Jetzt war er für uns unerreichbar zurückgezogen, ungeduldig und oft aus einem mir unerfindlichen Grund wütend. Jegliche Belastung, egal ob physischer oder psychischer Art, endeten für meinen Vater in Kopfschmerzattacken. Ich hatte sehr oft das Gefühl, irgendwie daran Schuld zu sein; was ich allerdings getan hatte, wusste ich nicht.

Heute weiß ich, dass es in der Natur der kindlichen Psyche liegt, für alles, was passiert, die Verantwortung zu übernehmen.

Innerhalb der Therapie kehrte ich in meine Gefühlswelt des sechsjährigen Kindes zurück, und ich war zutiefst erschüttert, wie ich das damals empfunden hatte. Ich fühlte mich absolut verlassen und war voller Angst.

Als Sechsjährige hatte ich mir eingebildet, dass mein Vater aufgehört hatte mich zu lieben. So hatte ich seine Verhaltensänderung interpretiert. Ich war zutiefst davon überzeugt, dass ich etwas falsch gemacht haben musste. Es musste mit der Schule zu tun haben, denn ich hatte damals große Schwierigkeiten, die Buchstaben zusammenzusetzen. Ich erinnerte mich, dass meine Eltern deshalb zur Schule kommen mussten und ich Nachhilfeunterricht in den Grundschulfächern Lesen und Schreiben bekam. Ich dachte tatsächlich, dies sei der Grund, weshalb mein Vater anders war als zuvor.

Felsenfest war meine Überzeugung, dass er mich deshalb nicht mehr liebte.

Sie denken sicherlich, dass sei Blödsinn, das ist es aber gewiss nicht. Genau so denken und empfinden kleine Kinder! Im nachhinein erklärt mir das auch, weshalb ich in meinem Leben immer nach mehr Bildung gestrebt habe. Es steckte immer das unerfüllte Sehnen nach Liebe und Anerkennung dahinter. Mein Vater sollte mich endlich wieder lieben, das war das Ziel all meiner Bestrebungen.

Dies war meine erste Begegnung mit meinem inneren Kind im Rahmen der Therapie, ich wusste zuvor nicht um diese Gefühle, denn sie waren komplett verschüttet gewesen. Verstärkt wurde mein Streben nach größeren Leistungen noch durch die innere Haltung meines Vaters, der offensichtlich keine innere Grenze hatte, wenn es darum ging, seinen Kindern seine Liebe zu verweigern.
Ich möchte Ihnen in diesem Zusammenhang ein Beispiel geben. Als ich etwa acht Jahre alt war, kam ich nach der Zeugnisvergabe ganz stolz nach Hause. Ich hatte ein besonders gutes Zeugnis mit dem Zusatz, dass ich die beste Schülerin der Klasse sei. Mit stolz geschwellter Brust präsentierte ich dieses Zeugnis meinem Vater. Er sagte nur, mit hoch gezogenen Augenbrauen: "Wie schlecht waren die Anderen? ", sonst sagte er nichts. Jetzt in diesem Moment, in dem ich das schreibe, spüre ich wieder die Bitterkeit und

Enttäuschung, die ich damals empfunden haben muss.

Die deutliche und immer wiederkehrende Botschaft meines Vaters war: "Was immer du tust, egal wie sehr du dich anstrengst, es ist nicht genug." Ein Gefühl, das ich so sehr verinnerlicht habe, dass ich meine Leistungen, die ich in meinem Leben vollbrachte, selbst kaum wertschätze; denn ich betrachtete mich immer noch durch die strengen Augen meines Vaters. Ungefähr sechs Monate nach meinem Vater erkrankte auch meine Mutter. Sie hatte schreckliche Kreislaufstörungen, und der damit einhergehende Schwindel führte dazu, dass sie kaum mehr in der Lage war, geradeaus zu laufen. Sie schlich nur noch an Häuserwänden entlang, um sicher zu sein, nicht umzufallen. Nur wenn ich sie an die Hand nahm, konnte sie normal mitten auf dem Bürgersteig gehen. Heute bin ich mir sicher, dass der Hochdruck und das Schwindelgefühl meiner Mutter psychisch bedingt waren. Sie war ganz einfach überfordert mit der Krankheit meines Vaters. Meine Mutter brauchte Halt, um diese belastende Situation durchzustehen, und sie hatte dafür wohl niemanden außer ihrer sechsjährigen Tochter. Ich muss sehr große Angst um meine Eltern gehabt haben, denn damals, im Alter von sechs Jahren begann ich meine Familie zu stützen und zu halten: ein verrückter Rollentausch und eine viel zu große Verantwortung für ein so kleines Kind!

Mit sieben Jahren versuchte auch meine Seele auf sich aufmerksam zu machen, indem auch ich starke Kopfschmerzen entwickelte und regelmäßig umfiel. Aber leider bemerkte niemand die offensichtlichen Zusammenhänge, dass ich nämlich die Symptome von Mutter und Vater in mir vereint hatte.

Ich verbrachte einige Wochen im Krankenhaus und wurde dort auf alles Mögliche untersucht, aber niemand fand eine körperliche Ursache für meine Erkrankung. Entlassen wurde ich mit einer Brille, die meine Kopfschmerzen noch verstärkte, da ich ja nichts mit meinen Augen hatte, sondern eher etwas mit meiner Seele.

Meine Seelennot war damals so groß, dass ich mich jede Nacht in den Schlaf geschaukelt habe, um mich zu beruhigen. Oft hatte ich die Phantasie, mir mit einer Schere in die Hände schneiden zu wollen. Ich saß mit meiner Bastelschere im Bett und wollte mich selbst verletzen, aber ich habe es nie fertig gebracht. Meine Eltern haben davon natürlich nichts mitbekommen. Wie groß müssen meine Schuldgefühle gewesen sein? Oder war es der verzweifelte Versuch, etwas anderes zu spüren als meinen Seelenschmerz? Wollte ich eine Art Gegenschmerz erzeugen? Ich weiß es beim besten Willen nicht, was damals meine Beweggründe waren. Ich weiß heute nur, dass dieses Verhalten bei Borderline-Erkrankten als Symptom auftritt und dass der Wunsch nach Selbstverletzung bei dieser Erkrankung auch ausgelebt wird.

Das Borderline-Syndrom ist eine psychische Erkrankung, die von Medizinern genau auf der Grenzlinie zwischen Neurose und Psychose eingeordnet wird. Die Selbstverletzungen treten auf, wenn diese Menschen unter ungeheurem inneren Druck stehen, und sie hilft den Erkrankten dabei, sich selbst wieder zu spüren.

Warum hatte damals niemand die offensichtlichen Zusammenhänge zwischen meinem Schmerz und der Schmerzsymptomatik meines Vaters gesehen?

Wollten die mich mit meiner Not überhaupt sehen?

Meine Kopfschmerzen begleiteten mich durch meine gesamte Kindheit und Jugend, meine Eltern fütterten mich deshalb regelmäßig mit Schmerzmitteln.

Dabei wäre ich doch so leicht mit ein wenig Vaterliebe zu heilen gewesen. Ich wurde mit meiner Not einfach nicht wahrgenommen, denn meine Eltern waren zu sehr verstrickt in ihre eigenen Nöte. Sie konkurrierten darum, wer in dieser Familie der Kränkere war. Dass diesem Verhalten keine bösartige Absicht zugrunde lag, sondern eher ein neurotisches Verhalten meiner

Eltern, ist mir heute bewusst. Und dennoch habe ich eine Stinkwut auf sie, die mich derartig für ihre Bedürfnisse missbraucht haben. Als Kind hätte ich jedes verfluchte Recht darauf gehabt, dass mir meine Bedürfnisse erfüllt werden, zumindest die elementaren nach Halt und Sicherheit und der Gewissheit, geliebt zu werden. Wären mir diese Sehnsüchte gestillt worden, hätte ich die Möglichkeit gehabt, psychisch unversehrt ins Leben zu starten. Die beiden haben ihren Auftrag als Eltern nur sehr unzureichend erfüllt, und letztendlich haben mich beide emotional für ihre Zwecke missbraucht. Wobei ich sagen muss, dass mein Vater den größeren Schaden an meiner Psyche gesetzt hat. Meine Mutter war trotz eigener Defizite in der Lage, mir sehr viel Liebe zu geben, und so war es mir möglich, ein nicht komplett verzerrtes Selbstbild zu entwerfen. Ich habe nie an der Liebe meiner Mutter zu mir gezweifelt und ich bin der festen Überzeugung, dass dies den Schaden, den meine Psyche durch die Lieblosigkeit meines Vaters bekam, erheblich begrenzt hat. Sie war zwar schwach und hilflos, aber sie war authentisch in all ihren Gefühlen und Handlungen. Es gab an ihr wenig Doppeldeutigkeit. Die Moral, die sie uns abverlangte, lebte auch sie, bei ihr gab es keinen doppelten Boden.

Sie war in ihrem Sein und Verhalten eindeutiger als mein Vater.

Der erste Suizidversuch meines Vaters

Ich war gerade erst zwölf Jahre alt, als mein Vater den ersten Versuch unternahm, sein Leben zu beenden.

Er setzte sich in seinen in der Garage geparkten Wagen, schloss die Garagentür und versuchte sich zu vergasen. Dieser Suizidversuch misslang, Gott sei Dank, da er von einem Nachbarn noch gerade rechtzeitig gefunden wurde. Auch dieses Mal war ich es, die meine völlig aufgelöste Mutter ins Krankenhaus begleitete. Ich sehe meinen Vater noch heute deutlich vor mir: So grau und blass und so unendlich hilflos, lag er in seinem Bett. Sauerstoffschläuche steckten in seiner plötzlich so spitz aussehenden Nase. Er war nicht in der Lage zu sprechen, denn er schämte sich wohl fürchterlich für seine Tat. Ich konnte diese unglaubliche Scham, die er empfand, spüren. Angst, Scham und Schmerz erfüllten den Raum, aber es wurde nicht darüber gesprochen.

Auch später fanden weder mein Vater noch meine Mutter Worte für die Handlungsweise meines Vaters.

Der Suizidversuch wurde einfach totgeschwiegen, ganz so, als könne er dadurch ungeschehen gemacht werden. Aber er war geschehen und er wirkte sich auf uns aus.

Mein Vater hatte uns nie versprochen, es nicht wieder zu tun, und so schwebte von diesem Tag an seine Todesdrohung über unserer Familie wie ein Damoklesschwert.

Das ist nichts, was uns damals bewusst gewesen wäre, aber unterbewusst hat es all unsere Handlungen beeinflusst.

Die Macht, mit der die Angst um meinen Vater damals auf mich gewirkt hatte, spürte ich in aller Deutlichkeit während der therapeutischen Sitzungen, in denen dieser Lebensabschnitt Thema war. Ich konnte genau benennen, was ich durch diese Angst erlernt hatte. Zum Beispiel erlernte ich die Gabe, mich in andere Menschen einzufühlen, sozusagen die Gefühle und Bedürfnisse des Anderen (jetzt noch des Vaters und der Mutter) aus der Luft zu greifen und genau diese Bedürfnisse zu bedienen. Eigene Gefühle und Bedürfnisse lernte ich bis zur Unspürbarkeit zu unterdrücken.

Ich war lieb, nett, gehorsam und erfolgreich in der Schule. Irgendwelchen Unsinn, wie es andere Kinder zu tun pflegen, habe ich so gut wie nie angestellt. Kurz gesagt, ich bot alles, was ein Vater sich nur wünschen konnte.

Und dennoch distanzierte er sich mehr und mehr von mir. Er brachte es oft noch fertig, mir zu sagen, dass „wenn ich ihn zu nehmen wüsste, ich alles von ihm bekommen würde." Heute frage ich mich immer noch, was er wohl damit gemeint haben könnte. Was hat er noch von mir gewollt?

Immer wieder erhielt ich von ihm die Botschaft: "Es ist nicht genug!" Dabei wollte ich doch gar nicht alles von ihm, ich wollte nur seine Liebe und die Gewissheit, dass er mich nicht verlässt. Dieses unbeantwortete Sehnen nach der Vaterliebe sollte zur Grundlage für alle folgenden Katastrophen in meinen Beziehungen zu Männern werden.

Ich hatte nicht gelernt, dass ich liebenswert bin um meiner selbst willen. Ich hatte weder gelernt, dass ich gut so bin wie ich bin, noch, dass es ganz selbstverständlich zum Leben dazu gehört, Fehler zu machen und diese keinen Weltuntergang bedeuten. Ich hatte nicht gelernt, meine Grenzen zu erkennen, diese anderen gegenüber zu setzen und zu verteidigen; denn in meiner Familie wurden sie sowieso ignoriert. Ich hatte auch nicht gelernt, dass ich ein Recht auf die Erfüllung von Bedürfnissen habe. Durch all das bin ich mit einem stark geschädigten Selbstwert in das erwachsene Leben entlassen worden. Dieses beschädigte Selbstbild war verantwortlich für den verminderten Wert und die Rechte, die ich mir in zwischenmenschlichen Beziehungen gab.

Dass man sich durch Wut bemerkbar machen kann, war mir zu dieser Zeit schon durch harte väterliche Dressur abtrainiert worden. Wut war in unserer Familie ein absolut verbotenes Gefühl, denn sie wurde immer mit Schmerzattacken meines Vaters beantwortet und führte so direkt zu Schuldgefühlen.

Der Einzige, der bei uns Wut leben durfte, war mein Vater.

Ich kann mich noch daran erinnern, dass ich während meiner Pubertät sehr wütend auf ihn war, aber ausgelebt habe ich dieses Gefühl nie. Ich habe meine Wut unterdrücken müssen, denn die Erkrankung meines Vaters hatte sich zu diesem Zeitpunkt bereits verschlimmert, und ich hatte schon über Jahre gelernt, was er von mir erwartete.

Es gab für ihn kaum noch schmerzfreie Tage. Das Leben mit ihm wurde immer schwieriger, er wurde immer strenger und weniger umgänglich. Meinen beginnenden Freiheitsdrang, der sich ganz natürlich während der Pubertät meldet, beschnitt er und zwängte mich in feste Regeln. Er spielte seine väterliche Macht aus, wo er nur konnte. Dass dies auch aus einer echten Besorgnis um mich geschah, war für mich damals nicht spürbar. Ich erfuhr erst Jahre später durch meine Mutter von den Ängsten meines Vaters, dass seiner Tochter etwas passieren könnte.

Auch meine Mutter hatte ihm wenig entgegen zu setzen. Obwohl sie seine Strenge und oft auch seine Ungerechtigkeit sah, vermochte sie es nicht, uns zu schützen, denn auch sie vermied aggressive Auseinandersetzungen.

Die extreme Beschneidung meines Freiheitsdranges führte dazu, dass ich die zehnte Klasse abbrach, um nun, so dachte ich mir das wohl, endlich für mich selbst sorgen zu können. Ich wollte heraus aus dieser Enge. Wie sich später herausstellen sollte, war das Rebellion an der falschen Stelle. Hatte ich mir mit dieser Aktion doch ins eigene Knie geschossen. Ich hatte damals den Wunsch, Arzthelferin zu werden; doch es gelang mir nicht, ohne zehnte Klasse auf Anhieb eine Lehrstelle zu bekommen. Abgebrochene Schulabschlüsse sind nicht gerade ein Garant, sich auf dem Ausbildungsmarkt hervorzutun, jedenfalls nicht im positiven Sinne, das war mir jetzt auch klar.

Mein Vater hatte, wie so oft, das starke Bedürfnis einzugreifen. Er suchte mir ganz einfach eine Lehrstelle aus, und zwar eine, die wohl seinem Bild von seiner Tochter entsprach. Er zwang mich, Verkäuferin zu werden. Ausgerechnet Verkäuferin - dass ich das auf gar keinen Fall wollte, interessierte ihn nicht. Ich weinte und zeterte, aber mein Vater ließ sich nicht erweichen: "Solange du die Füße unter meinen Tisch stellst, machst du, was ich dir sage!", das waren seine Worte.

Was hatte er sich nur dabei gedacht?

Mit dem Gehalt einer Verkäuferin würde ich mich doch kaum selbst ernähren können. War es die Phantasie meines Vaters, dass ich heiraten

und damit einen Ernährer haben würde? Saß er wirklich zu dieser Zeit noch der Vorstellung auf, dass eine Frau nichts erlernen müsse, weil sie die Kinder bekommt und ernährt wird?
Er muss mächtig an der Wirklichkeit vorbei gelebt haben, wenn er das glaubte. Aber vielleicht dachte er sich auch gar nichts dabei, ganz einfach gar nichts, weil es einfacher war nicht zu denken.
Die Ausbildung zur Verkäuferin war vom ersten bis zum letzten Tag ein wahr gewordener Alptraum für mich, denn ich habe das alles Tag für Tag gehasst. Diese Ausbildung fand in der Kosmetikabteilung eines großen Kaufhauses statt. Mir wird heute noch speiübel, wenn ich die stickige oft überheizte Luft eines Kaufhauses einatmen muss. Das ständige "Bedudelt werden" mit Musik, hat mich damals oft schier in den Wahnsinn getrieben. Um das alles noch zu krönen, war es in diesem Bereich üblich, sich ausgiebig zu schminken. Einerseits verständlich, denn es ist wohl schwierig, diesen Plunder überzeugend an die Frau zu bringen, wenn man selbst weiß wie Hüttenkäse ist.
Aber es war mir zuwider, mich derart verstellen zu müssen, es war ganz einfach nicht meine Art, diese Maske im Gesicht. Es hatte mit mir und meiner Persönlichkeit nicht das geringste zu tun. Ich denke, aus diesen Gründen begann zu dieser Zeit meine Wut auf meinen Vater in blanken Hass umzuschlagen, denn er hatte mich schließlich zu

dieser Ausbildung gezwungen. Diese Gefühle ließen sich natürlich nicht ausleben, und die Möglichkeit, meine Ausbildung einfach zu beenden, schien es für mich auch nicht zu geben. Mein vier Jahre älterer Bruder hatte mir vorgelebt, was passieren würde, wenn ich gegen den Vater aufbegehren würde. Er hatte in der Pubertät sehr gegen ihn rebelliert. Die beiden haben eigentlich ständig miteinander gestritten, und mein Bruder bekam durch diese Streitereien von der Vaterliebe eigentlich kaum noch etwas zu sehen.

Er hatte die von meiner Position aus betrachtet, genau entgegengesetzte Rolle unserer Familie. Ihm wurde wenig zugetraut und auch wenig zugemutet, deshalb kommt er in meinen Berichten auch so selten vor. Er war einfach nie dabei, wenn etwas Wesentliches in der Familie passierte. Das hatte nichts mit dem realen Verhalten oder den Fähigkeiten meines Bruders zu tun, sondern mit der Fehleinschätzung meiner Eltern. Mein Bruder erntete von meinem Vater wesentlich häufiger als ich, Wut und Unmut. Er verließ die Familie, als er volljährig war, verständlicherweise fluchtartig. Beide Rollen, die meines Bruders und auch die meine - obwohl so gegensätzlich - führten zu neurotischem Verhalten. Rebellion im Falle meines Bruders sowie die Anpassung, die ich wohl wählte: beides führte zur Neurose. Auch mein Bruder leidet unter der neurotischen Angst, ist aber nicht bereit eine Therapie durchzuhalten. Auch das hat vermutlich etwas damit zu tun, dass unsere Eltern ihm so wenig zutrauten. Traut er sich doch bis heute nicht einmal die Therapie zu, aber vielleicht ändert sich das ja noch. Ich würde es ihm wünschen!

Meine Ausbildung hielt ich bis zum letzten Tag durch, weil es mir, wie schon gesagt, nie in den Sinn gekommen wäre, mich gegen meinen Vater zu stellen.
Mit dem Tag meiner Prüfung allerdings schied ich aus diesem Beruf aus. Ich hatte beschlossen, Krankenschwester zu werden, und mich erfolgreich um einen Ausbildungsplatz bemüht.
Ich war sehr stolz auf mich, jetzt konnte das Leben, das mit mir zu tun hatte und das ich selbst bestimmen würde, endlich beginnen. So dachte ich mir das zumindest.
Dieses Leben hatte tatsächlich sehr viel mit mir zu tun, und es war äußerst ungesund für mich, aber das sollte ich erst viel später begreifen.

Meine erste Erfahrung mit dem männlichen Geschlecht

Meine erste zarte "Händchen halt"- Beziehung hatte ich mit dreizehn Jahren. Mein erwählter Partner war siebzehn und hinkte der „üblichen" männlichen Entwicklung wohl etwas hinterher. Unsere Beziehung dauerte etwa ein Jahr, und sein Verhalten mir gegenüber kann ich nur als liebevoll beschreiben. Eigentlich könnte man sagen, er trug mich auf Händen. Dass er nie versuchte, mit mir Sexualität zu leben, wundert mich erst heute. Damals entsprach das noch nicht meinem Bedürfnis. Händchen halten und ein wenig schmusen, das reichte uns wohl beiden. Ich mochte ihn sehr, und wir hatten, denke ich, eine gute Zeit miteinander. Das veränderte sich jedoch, als er beschloss, Berufssoldat zu werden. Er verpflichtete sich direkt für mehrere Jahre bei der Bundeswehr. Mit dieser Entscheidung veränderte er sich zunehmend. Er wurde besitzergreifend und eifersüchtig; eigentlich konnte ich ihn nur noch als unausstehlich beschreiben. Er schien ein immer größer werdendes Bedürfnis nach Kontrolle und Macht zu haben und versuchte dies an mir auszuleben. Durch sein krankhaftes Verhalten wurde es mir zu eng in unserer Beziehung, und in der Konsequenz wollte ich sie beenden.

Mit seiner Reaktion jedoch hatte ich in meinen kühnsten Träumen nicht gerechnet. Er wollte mich einfach nicht gehen lassen. Zuerst zerlegte er nur mein Fahrrad in alle Einzelteile, um mich daran zu hindern ihn zu verlassen. Als ich mich jedoch zu Fuß auf den Heimweg machte, drehte er völlig durch. Er verfolgte mich mit seiner Bundeswehrwaffe und zwang mich, mit ihm zurück zu gehen. Die Waffe in meinen Rücken gedrückt, schob er mich vor sich her, bis wir wieder in seinem Elternhaus angekommen waren. Im umgebauten Party-Keller verschanzte er sich mit mir. In seiner aufgebrachten Stimmung fuchtelte er wütend mit der geladenen Waffe vor meiner Nase herum. Mein Ex-Freund war durch seine wohl übergroße Verlustangst zum Geiselnehmer mutiert. Seine Mutter hatte dieses Spektakel Gott sei Dank mitbekommen, wer weiß wie lange ich sonst mit ihm im Keller hätte bleiben müssen. Sie brauchte ungefähr zwei Stunden, um ihn davon zu überzeugen, dass er mich frei lassen musste. Danach brachte sie mich in mein Elternhaus.
Sie entschuldigte sich bei mir und meinen Eltern für das Fehlverhalten ihres Sohnes, das ganze war ihr sehr peinlich. Vermutlich war sie auch zutiefst erschüttert über das Verhalten ihres Sohnes.
Sie bat meine Eltern, ihren Sohn nicht anzuzeigen, da sie befürchtete, dass seine Zukunft

dadurch zerstört würde. Meine Eltern willigten ein, ohne Rücksprache mit mir zu halten.

Unserem Familiengrundsatz treu bleibend, wurde nie mehr ein Wort darüber verloren. Es schien niemanden wirklich zu interessieren, wie es mir nach diesem Erlebnis ging. Ich stand wie immer mit meinen Gefühlen ganz allein da. Als ich an diesem Abend weinte, war meine Mutter zwar da und schloss mich in ihre Arme, aber sie fand keine tröstlichen Worte für mich. Sie war letztendlich selbst so untröstlich, dass sie lauter weinte als ich; so tröstete ich meine Mutter am Ende für mein Leid.

Halt und Stützung habe ich selbst nicht erfahren, denn ich war diejenige, die halten und stützen musste. In meinem tiefsten Inneren habe ich mich dadurch immer einsam und verlassen gefühlt. In solchen entscheidenden Momenten meines Lebens hätte ich Halt, Unterstützung und Trost gebraucht. Aber leider bekam ich all zu oft auch noch das Gefühl vermittelt, versagt zu haben. So interpretierte ich die Schuld, die Wut und die Überforderung, die ich von meinen Eltern zu spüren bekam.

In mir entstand das Bild, dass meine Not für andere nicht auszuhalten sei. Diese Schlussfolgerung führte dazu, dass ich meine Gefühle mehr und mehr in mir verschloss. Ich versuchte erst gar nicht mehr um Hilfe zu bitten. Ich musste alles mit mir selbst auszumachen, also

erlernte ich die für mich überlebenswichtige
Kunst der Verdrängung.

Diese Kunst beherrschte ich über Jahre hinaus
gut, sonst hätte ich meine Erlebnisse und deren
bittere Folgen für mich wohl nicht überlebt.

Die zweite Krise

Das erste Jahr der Psychotherapie lag nun schon hinter mir. Die meiste Zeit hatte ich damit verbracht, die Beziehung zu meinem Vater zu ergründen und meine verschütteten Gefühle zu ihm aufzuspüren. Diese Beziehung war so konfliktbeladen und meine Gefühle zu ihm so gut versteckt, dass es mir große Mühe bereitete, sie in meinem Gefühlswust wiederzufinden. Intensive verdrängte Gefühle, wie Scham und Schuld, aber auch verbotene, wie Wut und Hass, hatten dafür gesorgt, dass ich das alles nicht mehr hatte spüren können. Es war ein hartes Stück Arbeit, zu mir zurückzukehren, und einmal wiederbelebt, waren diese Gefühle nicht mehr zu verdrängen. Diese uralten Gefühle verursachten mir unglaublich starke Seelenschmerzen, ganz so, als wären sie brandaktuell. Und dass ich sie nicht mehr los wurde, machte mir sehr zu schaffen, denn ich hatte immer noch große Schwierigkeiten, ihnen Ausdruck zu verleihen. Meist konnte ich nicht weinen, obwohl ich todunglücklich war. Und meine Wut über alles, was geschehen war, wurde ich weder los noch konnte ich sie regulieren. Oft hatte ich das Bedürfnis meine Wohnung mit einer Kettensäge neu zu gestalten, so groß und übermächtig war diese Wut. Nur ein einziges Mal wollte ich alles in Schutt und Asche legen!

Ich tat es natürlich nicht, obwohl ich denke, dass es mir zumindest kurzfristig geholfen hätte. Diese Gefühle stauten sich in mir an und erzeugten einen ungeheuren Leidensdruck. Mir ging es zu dieser Zeit oft so schlecht, dass es mir sogar weh tat, wenn die Sonne schien. Kennen Sie das? - Ich hoffe nicht, denn es ist ein ganz widerlicher Gefühlszustand, wenn die Sonne, welche ja eigentlich Lebensquelle ist, zur Qual wird. Ihre Schönheit und ihre lebensbejahende Wirkung ließen sich nicht mehr mit meiner inneren Gefühlswelt vereinbaren.

In den therapeutischen Sitzungen hielt ich meine Gefühle mit aller Macht zurück, denn mein Verhältnis zu meinem Therapeuten war immer noch durch mein starkes Misstrauen geprägt. Ich spürte deutlich, dass mir das Festhalten meiner Tränen schadete, und eigentlich wünschte mir nichts mehr, als endlich bei ihm weinen zu können, ich hätte mich so gerne einfach fallen lassen. Aber ich vermochte es nicht.

Warum das so war, konnte ich mir erst viel später erklären.

Durch das massive Auftreten der "alten" Wut wurde der Zusammenhang zwischen meiner Wut und meiner Angst schließlich immer deutlicher. Ich konnte beobachten, dass, wenn ich mir innerlich kein Recht auf Wut gab, ich meine Ängste zu spüren bekam. Konnte ich jedoch bei dem Gefühl der Wut bleiben, so war ich frei von Angst.

Es wurde mir mehr und mehr bewusst, dass ich irgendwann in meiner Entwicklung meine Wut durch das Gefühl der Angst ersetzt hatte, weil ich meine Wut nicht hatte leben dürfen. Ich hatte die Phantasie, dass, wenn ich diese Wut leben würde, etwas ganz Schreckliches passieren würde. Es wird später in meiner Geschichte deutlicher, warum ich das so empfunden habe.

Trotz meines Misstrauens hatte "Dr. A" schon eine wichtige Rolle in meinem Leben eingenommen. Ich hatte ihm in der Therapie schon vollends die Vaterrolle übertragen (kein willentlicher Akt), und nun richteten sich die unerfüllten Wünsche und Sehnsüchte an ihn. Diese Übertragung der (in meinem Fall) Vaterrolle ist in der Therapie erwünscht, da der Therapeut mit den übertragenen Gefühlen und Wünschen arbeiten kann. Verhaltensmuster werden so von ihm aufgedeckt und können vom Unterbewusstsein ins Bewusstsein gelangen. Diese Übertragung von Gefühlen und Sehnsüchten, die sich einst an die Eltern gerichtet haben, geschieht auch im normalen Leben. In jeder romantischen Beziehung spielt eine solche Übertragung eine mehr oder weniger große Rolle. Häufig werden darin unterbewusste Konflikte, die man mit den Eltern hatte, nochmals wiederbelebt und durchfochten.

Soweit ich es bisher begriffen habe, strebt man in einem hohen Maße danach, das in der Kindheit Entbehrte in der romantischen Beziehung endlich zu bekommen.

Vielleicht ist das der Grund, warum so viele Beziehungen nicht funktionieren! Ein Partner kann vieles geben, aber es ist unrealistisch zu glauben, dass er/sie das defizitäre Verhalten der Eltern wieder gut machen könnte. Doch auf dieser unterbewussten Sehnsucht basiert so manche Beziehung. Soviel habe ich begriffen!

Aber zurück zu meiner Therapie.

Ich hatte nun alle Wünsche und Sehnsüchte an meinen Therapeuten übertragen (vermutlich, weil kein anderer "Depp" da war). Auch die Eigenschaften meines Vaters hatte ich auf ihn projiziert. Nun erwartete ich von ihm die gleichen Reaktionen wie bei meinem Vater, auch wenn ich mir eine andere Reaktion gewünscht hätte. Deshalb fiel es mir so schwer, mich gehen zu lassen, denn hätte er reagiert wie mein Vater, so hätte er mich mit Schuld beladen und verlassen. Das war etwas, was zu diesem Zeitpunkt auf keinen Fall passieren durfte, denn ich stand sehr unter Druck durch das Aufarbeiten meiner kindlichen Gefühle. Ich fühlte mich eigentlich nur noch wund in meinem Inneren, und ich war sehr verletzlich. Es schien keine schützende Haut um mich herum zu geben! Aus meinem Unterbewusstsein krochen mir immer mehr Dinge entgegen, und ich hatte das Gefühl, dass mir die Aufarbeitung meiner Erlebnisse langsam über den Kopf wuchs. Der Glaube und die Hoffnung, das alles in diesem Tempo verarbeiten zu können, ging mir langsam verloren. Zu dieser Zeit hatte ich immer häufiger schreckliche Alpträume. Mitten in der Nacht erwachte ich schweißgebadet aus einem dieser Träume, und ich war mir plötzlich ganz sicher, dass ich das Geträumte in der Realität erlebt hatte. Mir war Gewalt angetan worden, und ich hatte es verdrängt. Jetzt hatte ich die Bilder der Gewalttat im Kopf und konnte mich nicht mehr vor den daraus resultierenden Gefühlen retten. Mich und diese Gefühle auszuhalten, fiel mir unendlich schwer. Langsam aber sicher verlor ich jegliche Hoffnung, jemals wieder gesund werden zu können. Ich würde es nicht schaffen, es kam doch immer noch mehr dazu; so war meine innere Überzeugung zu jener Zeit.

Ich hatte es satt, immer nur kämpfen zu müssen! Und es sollte endlich aufhören so schrecklich weh zu tun!

Eine „schwierige Sitzung" mit meinem Therapeuten brachte mich dann endgültig aus dem Gleichgewicht. In dieser Situation, in der ich von ihm liebevolle Zuwendung und Halt gebraucht hätte, wiederholte er in meinem

Empfinden das Verhalten meines Vaters. Er sagte eigentlich nur zwei Sätze, aber das reichte aus, um mir den Rest zu geben.

Er forderte mich auf, etwas von meinen qualvollen Gefühlen bei ihm zu lassen, ich sollte diese Gefühle einfach bei ihm abgeben. Ich benannte meinen Schmerz und meine Wut, weil sie mir unerträglich waren. Ich sagte aber sofort, dass ich diese Gefühle nicht bei ihm lassen könne.

Die Wirkung der beiden folgenden Sätze waren der berühmte Tropfen, der das Fass zum Überlaufen brachte.

Er sagte darauf nämlich: "Wenn ich Ihnen erzähle, dass Sie hier etwas abgeben können, so ist das eine Lüge. Und das fänden Sie sicher nicht richtig. - Wenn ich Ihnen die Wahrheit sagte, dass ich Ihnen eben nicht geben kann, was Sie brauchen, so ist das in Ihren Augen sicher auch nicht in Ordnung."

Schon während er diese Sätze sprach, starb alles in mir ab. Mein Therapeut hatte mich dazu verführt, an die Aufrichtigkeit seiner Worte zu glauben. Und jetzt hatte er mir gesagt, dass er mich belogen hatte. Er hatte mir im letzten Jahr immer wieder vorgemacht, dass er mir etwas geben könnte, das mir in meiner Kindheit gefehlt hatte. Dass ich mit ihm etwas nachholen könnte, das ich in meiner Entwicklung verpasst hatte. Ich hatte mich an ihm und an diesem Glauben festgehalten. Und jetzt sagte er mir, dass er das auch nicht konnte (genauso wenig, wie mein Vater es gekonnt hatte). Ich kam mir völlig betrogen vor, und dass ausgerechnet mein Therapeut mich belogen hatte, war für mich in dieser Situation mehr als ich ertragen konnte. Ich erschrak fürchterlich und fühlte mich gänzlich verlassen, denn jetzt hatte mein Therapeut unsere Bindung zerbrochen - zumindest war mein Empfinden so. Ich starb innerlich vollkommen ab, ich hörte einfach auf mich zu spüren, denn das Gefühl des "Verlassenseins" war mir unerträglich. Was mir an Gefühlswelt blieb, war ein bohrendes und quälendes Brennen in meiner Körpermitte.

Obwohl ich nach dieser Sitzung mehrmals pro Woche zur Therapie ging, konnte ich mich einfach nicht mehr fangen. Den Worten meines Therapeuten glaubte ich jetzt nicht mehr. Ich bestand nur noch aus Angst, Schmerz und Verzweiflung und war meinen negativen Gefühlen hoffnungslos ausgeliefert. Dass ich schon wieder arbeitsunfähig war, erlebte ich als starkes Versagen, und ich bestrafte mich dafür, wo ich nur konnte. Der Rückzug in mein Schneckenhaus gehörte dazu. Einsamkeit und Depression sind schließlich auch eine Möglichkeit, seine Wut zu leben, wenn auch eine

autoaggressive. Ich ließ mich nicht nur emotional
verhungern, sondern auch körperlich. Ich
hungerte mich auf ein Gewicht von 55 Kilo
herunter. Wenn mir davon übel wurde, sagte eine
harte innere Stimme nur: "Gut so!"
Ich ging in aller erlernten Härte gegen mich vor.
Ich war schrecklich wütend auf meinen
Therapeuten, aber ich brachte es einfach nicht
fertig, meine Wut an diesen Mann zu bringen,
und so wurde aus Wut wieder panische Angst.
Der Teufelskreis aus Angst, sozialem Rückzug
und Depression begann erneut und war für mich
nicht mehr zu durchbrechen. Ich brauchte
nochmals den schützenden Rahmen der Klinik,
um mich wieder zu stabilisieren.
Zu dieser Zeit malte ich zum ersten Mal mit
Kohle und Tusche ein Bild, denn ich hatte das
dringende Bedürfnis, meine Gefühle zum
Ausdruck zu bringen. Ich besaß einfach nicht
genug Worte, um sie wirklich deutlich zu
machen. Nur ein einziges Mal wollte ich mich in
meiner ganzen Verzweiflung zeigen können. Und
ich war erstaunt, wie gut mir das auf dem Bild
gelungen war.
Ich hatte mit dem Zeichnen eine ganz neue
Ausdrucksmöglichkeit gefunden.

VERLETZUNGSBILD

Auch dieses Mal brauchte meine Krankenkasse mehrere Wochen, um mir den Klinikaufenthalt zu bewilligen. Auch dieses Mal gab es keine unbürokratische und schnelle Hilfe, obwohl der Aufenthalt in dieser Rehaklinik, wie mir gesagt wurde, erheblich kostengünstiger sei, als der in der Psychiatrie. Vielleicht ist dies eine der bizarren Blüten, die die Gesundheitsreform treibt. Ist es möglich, dass die Krankenkassen mit diesen langatmigen bürokratischen Wegen auch den Suizid des Patienten in Kauf nehmen?

Es würde doch erhebliche Kosten ersparen. Kann es wirklich sein, dass unser System schon so asozial ist, dass so etwas einkalkuliert wird? Oder ist es einfach nur so, dass die Dringlichkeit der schnellen Hilfe nicht in das Bewusstsein der jeweiligen Sachbearbeiter gelangt, weil der Patient auf seine Krankenkassennummer und seinen Diagnoseschlüssel herunter reduziert wird. Ich vermag es nicht, diese Fragen zu beantworten, ich weiß nur, dass ich mich der Langatmigkeit der Krankenkasse nicht anschließen konnte, denn mir ging die Luft langsam aber sicher aus.

Nie zuvor war ich der Entscheidung zum Freitod so nah wie in diesen Wochen, in denen ich auf die Bewilligung der Rehamaßnahme habe warten müssen. Ich verbrachte ganze Nächte damit, vor einem tödlichen Medikamenten-Cocktail zu sitzen und mich zu fragen, ob ich es jetzt nicht einfach tun sollte. Mein Schmerz und meine

Verzweiflung würden dann endgültig vorüber sein! Meine Sehnsucht nach innerem Frieden war unendlich groß. Ich hatte einfach keine Kraft mehr, mich und meine Gefühle auszuhalten, denn der Leidensdruck, den ich verspürte, war einfach zu groß.

Es waren wieder meine Freundinnen und trotz meines Misstrauens auch mein Therapeut, die mich durch diese schwere Zeit gebracht haben. Mit ihrer Hilfe und dem Halt, den sie mir boten, war es möglich, dass aus meinem Suizidgedanken keine Tat wurde.

Ich wünschte, ich hätte die Gelegenheit, die Belastung und die Ängste, die diese Menschen meinetwegen aushalten mussten, wieder gut zu machen.

Als ich dann endlich in die Klinik durfte, war es anders als beim ersten Mal, denn ich hatte mich verändert.

Diesmal stand nicht meine Angst im Vordergrund, obwohl sie mir sehr zu schaffen machte. Jetzt waren es meine Traurigkeit und meine überschäumende Wut, die mir die größeren Schwierigkeiten bereiteten. Diese Wut war so groß, dass ich sie einfach nicht mehr los wurde. Ich hätte wieder einmal alles um mich herum mit einer Kettensäge bearbeiten können, was ich als aggressionsgehemmtes Wesen natürlich nicht tat. Wäre auch maximal blöd gewesen, denn sonst hätte ich mich wohl ganz ohne langatmige

Kassenbewilligung für einen Langzeitaufenthalt in der forensischen Psychiatrie wiedergefunden.

Ich versuchte meine Wut und meinen Hass durch angemessene Mittel, nämlich sportliche Aktivitäten, loszuwerden, oder zumindest deren Intensität auf ein für mich erträgliches Maß zu reduzieren. Beim Badminton drosch ich bis zur Erschöpfung auf den Federball ein, und meine Wut war dabei so deutlich spürbar, dass meine Mitpatienten die Köpfe einzogen. Meine Wut war nie zuvor für andere so deutlich spürbar gewesen, und es freute mich, dass sich das durch die Therapie verändert hatte. In meiner Gruppe gab es einen Mitpatienten, der das Kickboxen beherrschte, und er ermutigte mich, es einmal an einer dicken Schaumstoffmatratze zu versuchen. Er zeigte mir, wie man zuschlägt und -tritt, ohne sich dabei selbst zu verletzen. Anfangs kam ich mir dabei unglaublich blöd vor und ich schlug so vorsichtig zu, dass auf der Matratze nur eine minimale Delle zu erkennen war.

Aber schon nach kurzer Zeit, durch wenige Stichworte meines Mitpatienten auf Krawall gebürstet, vermöbelte ich die Matratze nach allen Regeln der Kunst. Das Schöne und auch Erstaunliche daran war, dass es mir plötzlich unglaublichen Spaß machte zuzuschlagen. Zum ersten Mal in meinem Leben machte ich die Erfahrung, wie gut es tut, Wut einfach an irgend etwas körperlich abzutoben.

Noch wichtiger für mich war jedoch die Erfahrung, dass ich zuschlagen konnte, ich hatte mir das zuvor nicht zugetraut. Noch am gleichen Tag traf ich den festen Entschluss, an einem Selbstverteidigungskurs für Frauen teilzunehmen. Diese Entscheidung zur Wehrhaftigkeit war für mich ein entscheidender Schritt heraus aus meiner Opferhaltung!

Insgesamt sechs Wochen blieb ich in der Klinik. Viele Stunden verbrachte ich damit, mein Schicksal zu beweinen, und ich wurde von Mitpatienten getröstet. Meine Wut konnte ich zum Ausdruck bringen, und ich wurde verstanden und in dem Gefühl bestärkt, dass diese Wut eine Berechtigung hat. Immer häufiger gelang es mir, meine Angst in Wut zu verwandeln, weil ich die Wut, die hinter der Angst steckte, immer häufiger spüren durfte. Ich gab mir mehr und mehr das Recht dazu.

Ich hatte unzählige intensive Gespräche mit Mitpatienten die mich weiterführten. Von einer mir besonders wichtigen Begegnung mit einer therapie-erfahrenen Mitpatientin möchte ich erzählen, denn das Gespräch mit ihr hat eine entscheidende Erkenntnis bei mir bewirkt.

Sie hatte eines meiner Probleme erkannt, bevor es mir bewusst war, und sie erzählte mir eine Geschichte, die sie gelesen hatte und von der sie glaubte, dass sie mir helfen könne. Sie hatte für sich selbst schon begriffen, was ich noch verstehen musste, nämlich, dass ich zuviel Kraft damit verschwendete, meine Geschichte und die dazu gehörigen Gefühle loszuwerden.

Immer wieder versuchte ich, das alles loszuwerden, weil ich nicht glaubte, damit leben zu können. Es sollte jemand von mir wegnehmen, vorzugsweise ein Mann, und momentan vorzugsweise mein Therapeut. Es war der unrealistische Wunsch nach Erlösung, der mich quälte. In meiner Vorstellung konnte diese Erlösung nur von außen geschehen, durch einen Mann, der wieder gut machen würde, was mein Vater getan hatte.

Diese von ihr erzählte Geschichte würde ich sehr gerne weitergeben, denn sie führte dazu, dass ich folgendes verstand: Ich würde lernen müssen, meine Geschichte und meine Gefühle anzunehmen, so unmöglich mir das zu diesem Zeitpunkt auch erschien. Es nützte nichts, mit dem Schicksal zu hadern und zu versuchen diese Gefühle irgendwie abzuschütteln. Dieser Versuch bedeutete nur einen erheblichen Kraftverlust, Kraft, die ich zum Leben mit der Krankheit brauchen würde.

Von außen war ich nicht zu erlösen, es würde niemand von mir wegnehmen, weil das niemand vermag. Ich werde das selbst tun müssen, indem ich mich annehme, und zwar mit allen Anteilen. Diese bittere Erkenntnis, dass ich meine Gefühle niemals loswerden würde, und dass ich Angst,

Trauer, Wut und Hass anzunehmen lernen musste, ließ eine Sintflut von Tränen aus mir herausbrechen.

Für die Erzählung der Geschichte von der Steinpalme bin ich dieser Frau unendlich dankbar, denn sie hat so viel in Bewegung gebracht. Außerdem bekam ich noch etwas von ihr, dass ich bei meinen Eltern immer vermisst hatte, denn sie hielt mich und meine Tränen aus und vermochte es mich zu trösten.

Diese Geschichte finden sie unter anderen tollen Geschichten in dem Buch:

Wie viel Farben hat die Sehnsucht, erschienen im Lucy Körner Verlag, geschrieben wurde sie von Pet Partisch.

Leider darf ich Ihnen diese Geschichte weder wörtlich, noch mit eigenen Worten wiedergeben, da ich die Rechte dazu nicht vom Lucy Körner Verlag erhalten habe.

Am Ende des Klinikaufenthaltes war ich durch all das soweit stabilisiert, dass ich arbeitsfähig entlassen werden konnte.

Der Wiedereinstieg in meine Arbeit war zwar von panischer Angst begleitet, aber ich beruhigte mich wesentlich schneller, als es beim ersten Mal der Fall gewesen war.

Und ich kehrte zurück zu „Dr. A" in die ambulante Therapie.

Das Thema der Sexualität in der Therapie

Es war für mich unglaublich schwierig, mit meinem Therapeuten über meine Erfahrungen mit Männern zu reden. Zum einen, weil ich mich schämte, aber auch, weil ich ihm misstraute, er war schließlich auch ein Mann. Die geringste Phantasie, die ich zu diesem Thema entwickelte war, dass er mich auslachen würde. Die schlimmste Unterstellung in meiner Phantasie war, dass er sich an meiner Erzählung sexuell erregen könnte. Mir ist klar, dass er hätte ziemlich morbide sein müssen, um so etwas zu tun, aber in meinem Leben hatte ich es schließlich oft genug mit morbiden Männern zu tun gehabt. Mein Therapeut hatte nun die Aufgabe, mir zu beweisen, dass es einen liebevollen Umgang mit mir geben konnte, ohne dass ich für seine Bedürfnisse missbraucht würde. Ich hatte die deutliche Vorstellung, dass, wenn auch mein Therapeut mich missbrauchen würde, ich mir keine Chance mehr für eine neue Beziehung mit einem Mann geben würde.
Die Gefühle, die ich zu dieser Zeit meinem Therapeuten gegenüber hegte, waren eher die der kleinen schamhaften Tochter. Ich schaffte es nicht, meinem Therapeuten ein erwachsenes Gegenüber zu bieten. Beim Thema "Sexualität" dominierte in mir immer wieder das kleine Mädchen, das beschützt werden wollte vom

großen Vater Therapeuten. Da ich um diese Gefühle einfach nicht herumkam und den Eindruck hatte, mich mit diesem Thema komplett auszuliefern, forderte ich väterliches Verhalten von meinem Therapeuten ein. Es ging mir darum, mich vor weiteren Verletzungen zu schützen. Erst danach empfand ich genügend Sicherheit, um sprechen zu können.

Auch im nachhinein macht mein Verhalten Sinn, denn ich bekam von ihm etwas, dass ich lange ersehnt hatte.

Aber bevor das geschah, musste ich noch ordentlich inneren Anlauf nehmen.

Meine zunehmenden Alpträume zeigten mir sehr deutlich, dass ich meine traumatischen Erfahrungen mit Männern nicht mehr verdrängen konnte. Ich beschloss, meine Gefühle zum Thema Sexualität durch Kohlezeichnungen sichtbar zu machen; denn es war mir ja schon einmal gelungen, meine Gefühle damit zum Ausdruck zu bringen. Vielleicht würde es mir dann ja endlich gelingen, meine Angst zu besiegen und darüber zu sprechen.

Ich saß mehrere Abende an meinen Entwürfen und tauchte damit mehr und mehr in diese abgründige Gefühlswelt ein. Zunächst zeichnete ich die weibliche Sexualität, so wie ich sie empfinde. Ein wenig nach innen geknickt mein Körper, aber immerhin lustvoll, die Sexualität mit mir selbst.

Dass das Masturbieren für mich irgendwie verboten ist, ist in diesem Bild, denke ich, gut zu erkennen.

Danach malte ich die männliche Sexualität.

Ich sah mir meinen "Neandertaler" an, der frech das Becken vorschiebt und es sich besorgt, ohne einen Hauch von Scheu oder Verbot. Ich war begeistert und angewidert zugleich, ja, genau so empfand ich das.

Mir drängte sich die Frage auf: Wie sollte ich die beiden nur jemals wieder zusammenbekommen? Ich brauchte mehrere Tage und einen halben Liter Rotwein, um mich dieser Aufgabe zu stellen. Das Ergebnis waren Bilder gemeinsamer Sexualität, die mir deutlich zeigten, wie eng meine Grenzen bei diesem Thema sind. Was auf dem einen Bild für mich intensive Nähe zeigte und lustvoll war, kippte beim nächsten Bild schon in ein empfindliches Missbraucht werden als Sexualobjekt.

Ich nahm diese Zeichnungen mit in die Therapie, und wie ich es erhofft hatte, halfen sie mir beim Sprechen über mein erlebtes Trauma.

Meine erste sexuelle Erfahrung

Ich war 15 Jahre alt, als ich meine ersten sexuellen Erfahrungen sammeln sollte. Nachdem meine beste Freundin mir von ihrem "ersten Mal" in schönsten Farben berichtet hatte, war auch ich neugierig auf dieses Abenteuer. Mit dem nächsten Freund wollte ich es versuchen, so war mein damaliger innerer Beschluss.

Wie konnte ich nur so blöd sein?

Ich lernte Tim in einer Diskothek kennen und in meiner jugendlichen Unbeschwertheit verliebte ich mich in ihn. Was mich damals zu diesem Gefühl bewegte, vermag ich heute beim besten Willen nicht mehr nachzuvollziehen. Vermutlich hat mir irgend etwas an ihm imponiert.

Als wir ungefähr drei Monate zusammen waren, signalisierte ich ihm meine Bereitschaft zu ersten vorsichtigen Erfahrungen. Als ich ihn jedoch nackt und mit erigiertem Penis sah, wich jegliche freudige Erwartung von mir, sie wurde ersetzt durch das Gefühl panischer Angst. Ich konnte mir beim besten Willen nicht vorstellen, dass so etwas Überdimensionales in mich hinein passen sollte. So etwas würde mich zerreißen, so war meine Phantasie, und entsprechend panisch reagierte ich.

Ich wollte plötzlich keine Erfahrungen mehr mit dem männlichen Geschlecht sammeln, und das brachte ich auch zum Ausdruck. Dass mir sein Genital zu große Angst machte und ich deshalb nicht mit ihm schlafen wolle, sagte ich ihm deutlich. Er reagierte jedoch nicht entsprechend darauf. Tim verlor komplett die Kontrolle über sich und fiel über mich her, er nahm sich mit Gewalt, was er wollte.

Meine Tränen schien er nicht zu registrieren.
Mein Versuch, mich zu entziehen, scheiterte;
denn sein Griff war fest wie ein Schraubstock. Er
rammte mit solcher Gewalt in mich hinein, dass
ich immer wieder mit dem Kopf gegen das
hölzerne Kopfteil des Bettes geschmettert wurde.
Er war für mich nicht zu stoppen. Ich fühlte mich
hilflos und ohnmächtig ausgeliefert. Obwohl er
mir starke körperliche Schmerzen verursachte,
kam ich nicht einmal auf die Idee zuzuschlagen.
Aggression war mir schon so gut abtrainiert
worden, dass ich mir das Recht dazu nicht einmal
in dieser Situation gab. Schutzlos und ohnmächtig
ausgeliefert war ich letztendlich nur durch meine
Aggressionslosigkeit. Irgendwie gab ich mir auch
noch selbst die Schuld an all dem, denn ich hatte
ihn ja angemacht. Frei nach dem Motto, „Wer A
sagt, muss auch B sagen."
Das dieses Motto in solcher Lage nicht gilt, hatte
mir nie jemand beigebracht. Dass einmal gefällte
Entscheidungen revidiert werden dürfen, ja sogar
müssen, wenn einem etwas „nicht gut tut", hatte
es in unserer Familie nicht gegeben. Eher das
Gegenteil hatte ich erlernt, einmal Begonnenes
muss auf jeden Fall durchgehalten werden.
Meine Eltern hatten mich zum perfekten Opfer
erzogen.
Nachdem dieses Schwein mit mir fertig war, habe
ich mich weinend angezogen und bin gegangen.

Unglaublich beschmutzt und gedemütigt habe ich mich gefühlt, daran kann ich mich erinnern. Wie ich nach Hause gekommen bin und was ich dann tat, daran kann ich mich nicht mehr erinnern. Ich habe diesen Mann nie mehr in meine Nähe gelassen, und ich habe niemals mit jemandem über dieses Erlebnis gesprochen. Meine Verdrängung funktionierte so gut, dass ich bis zum Auftreten meiner Alpträume nicht mehr um die Vergewaltigung wusste.

Als die Bilder der Tat durch die Alpträume in mein Bewusstsein traten, konnte ich mich vor lauter Schmerz und Wut kaum mehr halten. Das Aussprechen meiner Erlebnisse brachte alle verdrängten Gefühle zu mir zurück, und in der Therapie spürte ich den Schmerz, die Scham, die Ohnmacht und die Wut. Endlich, so viele Jahre nach der Tat, durfte ich das alles aussprechen und beweinen. Mein Therapeut war auf liebevollste Weise für mich da, er hörte mir zu und war in seinen Äußerungen sehr respektvoll, er bot mir Halt und Sicherheit, um das alles nochmals emotional zu durchleben. Und er hielt meine bitteren Tränen aus, ohne emotional auszusteigen, so wie ich es gewohnt war. Alles in allem eine wichtige, neue und heilsame Erfahrung für mich. Er leistete etwas, das mein Vater hätte damals leisten müssen und nicht leisten konnte, weil ich mein Vertrauen in ihn schon lange verloren hatte. Von diesem Tag an wuchs mein Vertrauen in meinem Therapeuten und heute bin ich dankbar, dass das Schicksal mir diesen Mann für meine Therapie zugeordnet hat. Mit meinem wachsenden Vertrauen verlor er seinen Zusatztitel, den ich ihm all die Zeit gegeben hatte; den Titel "Dr. Arschloch" hatte er nun wirklich nicht mehr verdient.

Das Aussprechen all meiner Geheimnisse tat mir unendlich gut - und es befreite mich von einer schweren Last, nämlich der Last der Geheimhaltung: dem ungeschriebenen Gesetz unserer Familie.

WEIBLICHE SEXUALITÄT

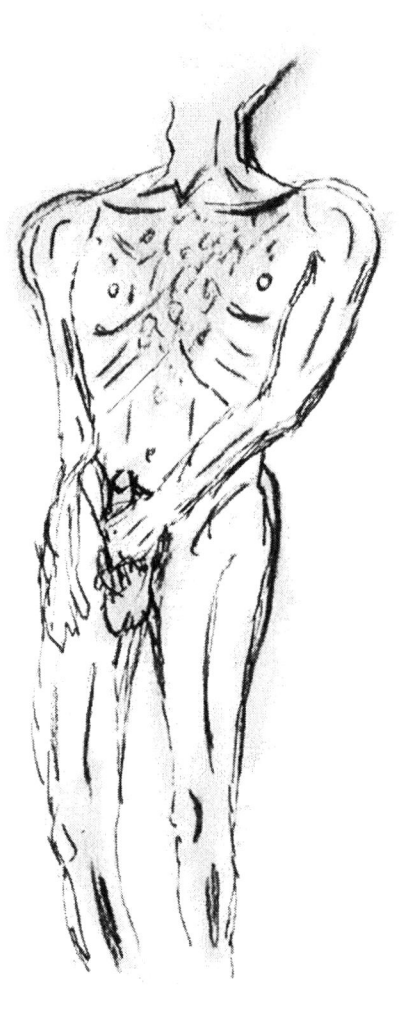

MÄNNLICHE SEXUALITÄT

SEXUALITÄT UND NÄHE

ZUM OBJEKT WERDEN

Sexualität und Liebe heute

Ich wage es wieder, das männliche Geschlecht in meine Nähe zu lassen, wenn auch nicht ohne Angst, denn ich habe den männlichen Egoismus in der Sexualität noch nicht begriffen. Ich habe jedoch begriffen, dass es nicht nur Schweine auf diesem Planten gibt, die für das Ausleben ihrer Sexualität über Leichen gehen. Nicht jeder Mann ist ein Vergewaltiger, soviel ist gewiss. Dass sehr viele Männer, was ihre Sexualität angeht, weder selbstreflektiert wahrheitssuchend noch als wahrheitsliebend zu beschreiben sind, steht für mich völlig außer Frage. (Stellen Sie sich die Autorin jetzt mit zwei Fingern im Hals vor.) Aber was ist der Mann sonst noch?
Was ist sein wahres Wesen?
Ich habe es noch nicht begriffen, da ich in jeder romantischen Beziehung meinen Vater suchte, und so keinen Einblick in das wahre Wesen des Mannes bekam. Heute stelle ich zumindest in Frage, ob mein Vater mit seiner lieblose Art das wahre Wesen des Mannes verkörpert hat.
Ist vielleicht im Moment noch zu viel verlangt, auch noch das Wesen des Mannes zu verstehen, denn ich bin doch gerade erst dabei, mein eigenes zu ergründen und zu begreifen. Erst heute erkenne ich, dass mir die erwachsene Liebe noch nicht widerfahren ist, weil ich selbst nicht dazu in der Lage war. Zu sehr war ich noch auf der Jagd

nach der Vaterliebe, die ich doch nie erhalten sollte. Blind für die Realität, suchte ich diese Liebe in all meinen Beziehungen und erntete doch immer wieder das gleiche, was ich schon von meinem Vater kannte:

Du bist (oder leistest) nicht genug, um geliebt zu werden.

Erst heute begreife ich, dass ich nicht um meiner selbst willen geliebt werden konnte, weil ich mich nicht wirklich zeigte. Ich sah und bewertete mich selbst durch die Augen meines Vaters, nicht in der Lage, mir aus eigener Sicht einen anderen Wert zu geben, als er es damals tat. Ich war so sehr daran gewöhnt, mich und meine Gefühle zu verleugnen, dass niemand mein wahres Wesen zu sehen bekam. Wie kann ich geliebt werden um meiner selbst willen, wenn ich nicht bin, was ich bin, mit all meinen Anteilen. Von den kranken Vorstellungen meines Vaters, die ich so sehr verinnerlicht habe, muss ich mich lösen, und ich muss endlich damit beginnen, mir selbst meinen eigenen Wert zu geben.

Ich habe beschlossen zu sein um meiner selbst willen!

Die Liebe meines Vaters werde ich nicht mehr erringen, also brauche ich ihm nicht mehr zu gefallen.

Ich kann und darf endlich sein, was ich bin!

Mit dieser Einstellung hält das Leben für mich vielleicht die erwachsene Liebe, in der die Partner sich gleichwertig fühlen und sich wahrhaft begegnen, für mich bereit.

Bis dahin werde ich gut auf mich aufpassen, wenn ich in Kontakt zu Männern trete. Ich werde gut darauf aufpassen, dass sich diese Erkenntnisse in meiner Gefühlswelt breit machen, denn sonst gehe ich meinem Vater wieder auf den Leim. Ich will nicht mehr das liebe Töchterlein sein, das sich selbst verleugnen muss und dennoch keine Liebe erntet. Ich will sein, was ich bin, nämlich wütend und zickig, wenn „Mann" das provoziert. Meine Wünsche werde ich in Zukunft deutlich artikulieren, denn ich habe ein Recht darauf, dass sie gehört und erfüllt werden. Das bin ich mir wert! Werden sie nicht erfüllt, werde ich zicken und toben, so laut es geht, damit ich nicht wieder untergehe in den Bedürfnissen des anderen. Ich bleibe so einfühlsam und liebevoll wie ich es bin, aber ich werde mich besser vor dem so oft erlebten Missbrauch beschützen. Liebe und Sexualität sollen für mich keine Einbahnstraße mehr sein. Wenn ein Mann nicht zu einem respekt- und liebevollen Umgang in der Lage ist, werde ich ihn fallen lassen wie eine heiße Kartoffel, denn ich werde ihn nicht dazu bewegen können mich zu lieben, auch wenn ich mich noch so sehr bemühe. So viel habe ich begriffen. Die Liebe lässt sich nicht zwingen!

Würde es mir nicht die Freiheit verheißen, wenn ich das nach und nach zu leben vermag? Ich spreche von der Freiheit von den Ketten, die mir einst mein Vater schon im zarten Mädchenalter angelegt hat und die so schwer auf mir lasten. Ich wäre wirklich frei!

Ich werde all meine Kraft einsetzen, um endlich frei zu sein von der Bürde der braven Tochter, die Liebe wollte und zu hassen lernte. Meine erlernte Angst und mein Misstrauen gegenüber Männern sollte ich zu meinem Schutz nutzen, beides sollte mich jedoch nicht von einer echten emotionalen Begegnung, die mir durch die in der Therapie erlernten Selbstreflektiertheit jetzt möglich ist, abhalten.

Es liegt noch ein langer Weg vor mir, aber ich befinde mich schon auf diesem Weg!

Der Selbstverteidigungskurs für Frauen

Jeder Frau, die schon einmal Bekanntschaft mit
männlicher Gewalt gemacht hat, kann ich einen
solchen Kurs nur empfehlen. Den anderen Frauen
kann ich nur empfehlen, nicht so lange zu warten,
bis es auch ihnen passiert ist.
Ich verbrachte zwei verlängerte Wochenenden
mit Selbstverteidigungskursen speziell für
Frauen, und trotz des kurzen Zeitraumes
veränderten sie meine innere Haltung
grundlegend. Auch dort traf ich auf andere
traumatisierte Frauen. Sie wären erstaunt, wenn
sie einmal von ihren traumatischen Erlebnissen
sprechen würden, wie oft ihnen von ähnlichen
Erfahrungen berichtet wird.
Dieser Austausch erzeugte Nähe und Solidarität
unter den teilnehmenden Frauen und hatte eine
sehr wohltuende Wirkung.
Der Kurs machte aus meiner Opferhaltung eine
Verteidigungsbereitschaft, die ich mir zuvor an
mir nicht hatte vorstellen können. Ich erlernte
dort effektive Techniken zur Verteidigung,
welche nicht viel körperliche Kraft braucht, aber
die innere Einstellung sich verteidigen zu wollen.
Die Opferhaltung beginnt im Kopf, soviel ist
sicher. Wir übten gemeinsam, einen imaginären
Täter energisch anzuschreien, und unsere
Versuche waren zu Anfang wirklich mehr als
jämmerlich. Sind wir Frauen doch oft nicht

einmal zu einem lauten und wütendem Schrei in der Lage. Es war nur ein hauchdünnes: "Lass das, du Schwein!", zu hören, das nun wirklich niemanden erschreckt oder beeindruckt hätte. Das Ganze natürlich auch noch mit einem lieblichen Lächeln im Gesicht, den Kopf leicht schräg gehalten, um auch noch auszudrücken, wie nett "Frau" doch ist.

Wir haben sehr über unser für Frauen typisches Verhalten gelacht, aber es wurde durch diese Übungen auch deutlich, wo der Gedankenfehler lag. Geben wir Frauen uns doch in der Regel nicht das Recht auf ein so energisches und aggressives Verhalten, es will einfach nicht zu der erlernten Frauenrolle passen. Sind wir doch die sanftmütigen und sozialen Wesen in unserem System. Wie viel Respekt und Anerkennung erntet wohl eine Frau, die auf einen sexuell übergreifenden Mann lautstark mit den Worten: "Du blödes Schwein, behalte deine dreckigen Hände bei dir!", reagiert. Vielleicht gibt sie noch eine gerechtfertigte Ohrfeige dazu. Eine solche Reaktion auf sexuelle Übergriffe wäre völlig angemessen, wie ich finde. Aber ich bin mir sicher, dass sie ziemlich blöd angesehen würde. Vermutlich mit einem Fragezeichen im Gesicht des Beobachters, ob ihr Verhalten wohl angemessen sei. Über das Verhalten des Täters würden sich wohl weniger Menschen Gedanken machen, solche Übergriffe gelten in unserer

Gesellschaft doch eher als Kavaliersdelikt. Aber das sind sie nicht, denn sie zeigen, wie stark immer noch das frauenverachtende Verhalten vieler Männer ist.

Es ist an uns Frauen, hier deutliche Grenzen zu setzen.

Die meisten von uns übergehen diese wohl jeder Frau bekannten Situation mit einem irritierten Lächeln im Gesicht, nicht in der Lage, angemessen aggressiv zu reagieren. Hinterher ärgern wir uns dann Schwarz.

Wir Frauen scheuen immer wieder die Auseinandersetzung, die wir dann ja auch durchhalten müssten.

Hier muss ich unser weibliches Harmoniebedürfnis doch einmal in Frage stellen. Mir ist auch nach Harmonie, ja es ist sogar eins meiner Grundbedürfnisse, aber nicht mehr um jeden Preis. Nicht ich bin es, die in diesen Situationen die zwischenmenschliche Harmonie stört, sondern der Täter. Verblüffend finde ich auch, dass oft die Frau Scham empfindet, der Täter jedoch offensichtlich nicht. Erst die Bloßstellung des Täters wird dieses Gefühl zur richtigen Person katapultieren.

Viele Männer werden diese ungewohnt aggressive Reaktion, trotz oder gerade wegen der jetzt aufkommenden Scham, mit einem: "Mein Gott, bist du zickig!", quittieren, aber das sollte uns Frauen doch nur ein zufriedenes inneres Lächeln entlocken.

Er wird so einen Übergriff bei dieser Frau vermutlich nicht nochmals versuchen, und das ist es, was es zu erreichen gilt.

Seit dem Selbstverteidigungskurs bin ich mir sicher, dass mich kein Mann mehr zu irgend etwas zwingen wird, ohne dass ich mich dagegen mit allen mir zur Verfügung stehenden Mitteln wehren werde. Mir ist bewusst geworden, dass ich in dieser Situation nur Verteidigerin bin und kein Täter. Durch dieses Wissen gebe ich mir ein Recht auf aggressive Reaktionen.

Niemand hat das Recht, mir Leid zuzufügen und ich habe das Recht, mich und mein Leben zu verteidigen. Seit ich mir dieses Recht gebe, lässt meine Angst nach, denn ich weiß jetzt, dass ich nicht wieder gelähmt reagieren werde. Und diese innere Gewissheit ist unglaublich wichtig.

Die dritte Beziehung

Etwa ein Jahr nach der Vergewaltigung, ich war inzwischen sechzehn Jahre alt und befand mich in der Ausbildung zur Verkäuferin, lernte ich Torsten kennen. Ich brauchte einige Zeit um wieder Vertrauen zu fassen, aber dieser Mann war aus einem mir heute unerklärlichen Grund so verlockend für mich, dass es ihm gelang, dieses Vertrauen zu erhalten.

Ist es nicht verrückt, dass man oft im nachhinein nicht mehr weiß, warum man sich eigentlich in eine Person verliebt hat?

Jedenfalls war ich vor lauter Verliebtheit oder auch der Bedürftigkeit nach Liebe derart blind, dass ich nicht wahrnahm, was dieser Mann tat. Meine starke Sehnsucht nach Liebe bewirkte, dass kein Platz war für ein mich schützendes Misstrauen. Ich hatte keinerlei Zweifel an seiner Aufrichtigkeit und seiner Liebe zu mir. Ich gab mich zufrieden mit spärlichen Liebesbezeugungen und ein wenig Zärtlichkeit. Widersprüche, die ich spürte, verdrängte ich, um mein Bild von dieser Liebe erhalten zu können. Meine Blindheit wurde hart bestraft, denn Torsten hatte jede Menge Affären neben unserer Beziehung. Ich muss mir mit den anderen Frauen die Türklinke in die Hand gegeben haben, und dennoch ist mir in meiner Naivität nichts aufgefallen.

Vielleicht hatte ich irgendwann in meiner Jugend beschlossen, besser "nichts zu merken". Bedeutet etwas zu bemerken doch auch, reagieren zu müssen, und das wiederum bedeutet Verlust.

Wir waren ungefähr achtzehn Monate zusammen, als ich sehr krank wurde. Wegen starker Unterbauchbeschwerden suchte ich einen Frauenarzt auf. Er diagnostizierte eine harmlose Eileiterentzündung und einen Harnwegsinfekt. Ich bekam von ihm eine Antibiotika-Therapie und Bestrahlungen verordnet. Aber dennoch verschlimmerten sich meine Schmerzen so sehr, dass ich zeitweise nur noch in gekrümmter Haltung laufen konnte. Immer wieder ging ich zu diesem Arzt, aber er überprüfte seine Diagnose nicht, sondern fuhr weiter mit seiner, wie sich erst später herausstellen sollte, Fehlbehandlung fort. Torsten hatte kurzfristig auch Probleme und ging zum Urologen, er wurde behandelt und war nach kurzer Zeit wieder vollkommen beschwerdefrei. Während dieser Wochen habe ich aufgrund der Schmerzen natürlich nicht mit ihm schlafen können, und ich fand ihn so unglaublich rücksichtsvoll. Dass er mich in dieser Hinsicht überhaupt nicht bedrängte, fand ich toll! Dass dies einen anderen Grund hatte, konnte ich zu diesem Zeitpunkt noch nicht wissen. Erst als sich mein Zustand mehr und mehr verschlimmerte, griff meine Mutter ein und nahm mich mit zu ihrem Frauenarzt. Er untersuchte mich kurz und wies mich sofort in ein Krankenhaus ein, denn meine Eileiter hatten mittlerweile Faustgröße angenommen.

Dort musste ich mich direkt am folgenden Tag einer Bauchspiegelung unterziehen. Die Ärzte konnten durch dieses Verfahren genauer beurteilen, wie es in meinem Bauch aussah. Nach dem Eingriff erfuhr ich, dass eine Geschlechtskrankheit meine Symptome verursacht hatte, und dass diese Erkrankung ausschließlich über den Geschlechtsverkehr übertragen werden konnte.

Meine Eileiter waren kurz davor zu zerplatzen, und bei diesem Erreger könne dies durchaus tödlich verlaufen, so wurde mir von den Ärzten gesagt. In einem Nebensatz erfuhr ich, dass das Ausmaß der Erkrankung sehr wahrscheinlich zur Unfruchtbarkeit führen würde.

Wie konnte das passiert sein? Ich hatte doch nichts getan! Ich stellte Torsten zur Rede und er gab sehr schnell zu, dass er auch mit anderen Frauen geschlafen hatte. Er hatte um die Geschlechtskrankheit gewusst und sich natürlich auch fachgerecht behandeln lassen. Er hätte sich nicht getraut, mir davon zu erzählen. Das war seine armselige Rechtfertigung für sein Verhalten, das mich fast mein Leben gekostet hätte.

Hinzufügen möchte ich noch, dass diese Erkrankung zu den meldepflichtigen

Geschlechtskrankheiten gehörte. Dabei ist der Patient gesetzlich verpflichtet, alle Geschlechtspartner namentlich anzugeben, damit diese auch behandelt werden können. Er muss von seinem Urologen darauf aufmerksam gemacht worden sein.

Das Verschweigen seiner Erkrankung war also ein wissentlicher und willentlicher Akt von Torsten.

Er hatte im Namen der Liebe mein Leben riskiert! Torsten hatte wochenlang zugesehen, wie ich mich vor Schmerzen krümmte, dabei muss ihm doch eigentlich klar gewesen sein, dass dies daran lag, dass ich durch meinen Arzt falsch behandelt wurde. Ich verstehe nicht, wieso Menschen zu einer so ungeheuerlichen Tat in der Lage sind und gleichzeitig von Liebe sprechen können.

Ich habe Torsten unter Tränen aus meinem Zimmer geschrien und ihn erst Jahre später kurz und unfreiwillig wiedergesehen.

Ich fühlte mich grenzenlos beschmutzt und ich empfand Ekel, für ihn und auch für mich selbst.

Ich schämte mich unglaublich für diese Erkrankung. Verstärkt wurde dieses Empfinden noch durch die vorwiegend männlichen Frauenärzte im Krankenhaus, denn sie behandelten mich, als sei ich selbst schuld an meinem Dilemma. Der Umgang mit mir als Patientin war kühl und reichte von gleichgültig bis hin zu abwertend ruppig, von Mitgefühl war nichts zu spüren. Jeden Tag durfte ein anderer Arzt in mich hinein fassen und meinen "unglaublichen Befund" bestaunen. Dass mir diese Untersuchungen sehr weh taten, körperlich wie seelisch, schien niemanden zu stören. Auch meine Tränen animierten niemanden zu tröstlichen Worten. Das alles war furchtbar entwürdigend für mich. Ich hatte schließlich nur noch das Bedürfnis, mich wie ein Embryo einzurollen, und niemand sollte mich mehr anfassen. Nie wieder!

Meine Mutter weinte sich über mein Schicksal die Augen aus dem Kopf, aber gleichzeitig verbot sie mir, über meine Diagnose mit meinem Vater zu sprechen. Sie vergaß jedoch wie so oft in meinem Leben, mir zu sagen, warum ich es meinem Vater nicht erzählen durfte. In mir entstand das Gefühl, eine große Schande über meine Familie gebracht zu haben, wenn es doch nicht einmal mein Vater erfahren durfte.

Was würde passieren, wenn er davon erfuhr? Würde ich verstoßen? Würde er mich schlagen? Was?

Ich schämte mich noch mehr und verschloss diese Schande tief in mein Herz.

Jetzt, wo ich dies niederschreibe, bricht mir der Schweiß aus, meine Hände sind eiskalt und zittern. Der Ekel, den ich empfinde, verursacht mir Übelkeit. Die Traurigkeit zerdrückt mir mein

Herz. So intensiv und lebendig sind diese Gefühle auch heute noch!

Nach drei Wochen war ich durch eine Antibiotika-Therapie außer Lebensgefahr, die Eileiter waren etwas abgeschwollen und drohten somit nicht mehr zu platzen. Dennoch musste ich noch weitere drei Wochen im Krankenhaus bleiben.

Meine Eltern hatten einen Urlaub geplant und überließen es einer Tante, mich mit frischer Wäsche zu versorgen. Sie hatten mich zwar gefragt, ob es in Ordnung sei, wenn sie in Urlaub führen, aber was hätte ich schon sagen sollen. Ich fühlte mich unendlich verlassen, ich hätte die liebevolle Zuwendung meiner Eltern gebraucht, und ich sehnte mich nach den starken Armen meines Vaters, der mich hätte trösten und schützen sollen. Er hätte mich schützen sollen vor dem verachtenden Verhalten der Ärzte, denn ich konnte es doch nicht. Statt der Erfüllung dieser Wünsche bekam ich das, was ich schon sehr lange kannte: nämlich das Gefühl, in der Not verlassen zu werden.

Ich weinte Tag für Tag und fand einfach keinen Trost in mir. Noch untröstlicher wurde ich, als am Ende des Krankenhausaufenthaltes fest stand, dass ich keine Kinder würde bekommen können.

Erst heute habe ich den Mut gefunden, meine Mutter zu fragen, warum sie mir damals verboten hat, mit meinem Vater zu sprechen. Ich erzählte ihr auch gleich dazu, wie ich das empfunden hatte.

Sie brach in Tränen aus, und erst jetzt, so viele Jahre später, erklärte sie mir ihr Handeln. Sie war sich sicher gewesen, dass mein Vater meinen Ex-Freund für seine Tat erschlagen hätte. Sie hatte einfach versucht, weiteres Unheil zu vermeiden. Jetzt war es an mir, in Tränen auszubrechen, denn wie heilsam wäre es für mich damals gewesen zu erfahren, dass mein Vater mich so sehr liebte, dass er mich hätte verteidigen wollen. Dieser Gedanke schmerzt auch im nachhinein; denn ich hatte mich doch immer danach gesehnt, dass mein Vater mich beschützt und seine Liebe zum Ausdruck bringt. Meiner Mutter tat es unglaublich leid, dass sie mir ihre Handlungsweise nicht erklärt hatte. Sie hatte sich damals keine Gedanken dazu gemacht und jetzt schmerzte es sie, dass ich ihr Verhalten so interpretiert hatte.

Ich muss die Folgen dieser Erkrankung noch heute tragen, denn die massive Entzündung meiner Eileiter hat zur Ausbildung von Verwachsungen geführt, die mir häufig körperliche Schmerzen verursachen.

Mein unerfülltes Sehnen nach einem eigenen Kind wird mich wohl mein Leben lang schmerzen.

Obwohl ich jetzt schon seit zwanzig Jahren weiß, dass ich keine Kinder haben werde, hat der seelische Schmerz, den ich darüber empfinde, in keiner Weise nachgelassen.

In der Therapie hatte ich große Schwierigkeiten, über dieses Thema zu sprechen, weil die Erinnerungen mich in depressive Abgründe stürzen ließen. Durch die Gespräche mit dem Therapeuten wurde mir mehr und mehr bewusst, wie sehr mein Selbstwert durch mein Unvermögen ein Kind zu bekommen, gelitten hat. Ich kann es einem Mann nicht bieten, Mutter seiner Kinder zu sein, und das macht mich in meinen Augen zu einer nur halb so attraktiven Frau. Außerdem wurde mir bewusst, dass ich damals sehr viel Hass und Wut habe einfach schlucken müssen.

Ich kann heute sagen, dass ich diesen Mann abgrundtief hasse, denn das, was er mir angetan hat, ist einfach nicht zu verzeihen.

Es schmerzt und ärgert mich, dass er nie erfahren hat, welche Folgen seine verantwortungslose Handlung hatte. Seit ich weiß, dass er Vater geworden ist, bin ich noch wütender. Wieso passiert den Tätern nichts?

Wieso ist das Leben so furchtbar ungerecht?

So viele Fragen, auf die es wohl keine Antworten gibt. Außerdem bin ich stinkwütend auf diesen inkompetenten Frauenarzt, der mich damals über so viele Wochen falsch behandelt hat, und der, obwohl es mir immer schlechter ging, die Arroganz besessen hat, seine Diagnose nicht einmal in Frage zu stellen.

Das Verhalten meiner Eltern, die mich in dieser Situation nicht hätten allein lassen dürfen, bringt mich heute schier zum Kochen. Was haben sie sich nur dabei gedacht?

Es ärgert mich, dass sie es nicht einmal in Erwägung gezogen haben, den Täter und den Frauenarzt zu verklagen. Aber dazu hätten meine Eltern Rückrad haben müssen, und das hatten sie leider nicht. Konfliktvermeidung steht in meiner Familie an erster Stelle. Eine wütende Konfrontation war ihnen so unmöglich wie mir durch ihr Vorbild heute.

Mutterschaft macht Sinn, über den Schmerz der Kinderlosigkeit

In fast allen Kulturen ist die Schwangerschaft ein ganz besonderer Zustand, dem wir ehrfürchtig begegnen. Ein nahezu geheiligter Zustand, der von uns Menschen als besonders schützenswert empfunden wird. Das Entstehen von neuem Leben hat seinen eigenen Zauber. So aufgeklärt wir auch sind, haftet der Entstehung neuen Lebens doch immer etwas Magisches an. Diese Magie sorgt dafür, dass Schwangere bewundernde Blicke erhalten. Dieser besondere Zustand garantiert der werdenden Mutter liebevolles Umsorgt werden, Respekt und Achtung.

Das Empfangen eines Kindes ist gesellschaftlicher sowie biblischer Auftrag der Frau, so habe ich meine Prägung zur Frau von Frauen verstanden.

In der Bibel steht zu diesem Thema: "Seid fruchtbar und mehret euch!" Die Schwangerschaft ist "göttlicher" Auftrag zur Erhaltung der Art!

Der gesellschaftliche Auftrag wird schon im zarten Kindesalter vermittelt, durch Eltern, die uns Mädchen mit Babypuppen beschenken, werden wir doch schon früh an unsere spätere Rolle als Frau und Mutter herangeführt. Waschen, wickeln, anziehen und füttern, welches Mädchen hat das nicht schon im Alter von spätestens vier Jahren gekonnt.

Wer es nicht konnte, befindet sich heute vermutlich wegen einer schweren Identitätskrise in der Therapie. (Witz!)

Was an dem Muttertrieb genetisch bedingt und was davon erlernt ist, vermag ich nicht zu beurteilen. Ich weiß nur, dass es auch auf mich wirkt. Ich spüre diesen Trieb sehr deutlich, es ist ein sehr starker innerer Drang, der sich nur schwer unterdrücken lässt.

Mit einem Kind haben wir Menschen eine wirklich sinnvolle Aufgabe im Leben, das ist es, was ich glaube.

Eine Frage die ich mir daher oft stelle, ist: „Womit soll ich meinem Leben nur einen Sinn geben?" Zudem kann ich es leider oft immer noch nicht anders empfinden, ich fühle mich halb, wie eine halbe Frau, beschädigt, inkomplett, weil ich nicht Mutter sein kann.

In manchen Nächten träume ich diesen wunderschönen Traum von meiner Schwangerschaft.

Ich träume, wie sehr sich mein Partner über die Nachricht der Schwangerschaft freuen würde. Wie sehr mich seine Augen vor lauter Glückseligkeit anstrahlen. Ich spüre, wie mein Bauch dicker und dicker wird, und in mir ist eine unglaubliche Freude. Ich freue mich so sehr auf dieses Baby, das da in mir wächst, ganz so, als wäre das alles Wirklichkeit. Ich ernte von anderen Menschen auf der Straße diese bewundernden

Blicke für die Fähigkeit Leben zu schenken.
Stolz, unglaubliche Freude und Lebendigkeit
durchdringen mich in diesen Traum.
Kurz bevor es zur Geburt meines Traumkindes
kommt, endet er in der Regel. Jedes Mal bin ich
tief enttäuscht, wenn ich in meine bittere
Wirklichkeit zurückkehren muss. Oft weine ich
nach diesem Traum, der mir eine Empfindung
schenkt, die ich in der Realität nie spüren werde.
Ich befürchte, ich werde mein Leben lang unter
dem Schmerz der Kinderlosigkeit leiden, denn es
fällt mir so unendlich schwer, mich von diesem
Wunsch zu verabschieden.
Mir ist bewusst, dass die zu meinem
Kinderwunsch führenden Bedürfnisse in der
Mehrzahl egoistischer Natur sind. Endlich hätte
ich jemanden, den ich mit all meiner Liebe
beglücken könnte und das über viele Jahre
hinweg. Ein Kind verlässt mich nicht so einfach,
wie es ein Partner zu tun pflegt. Da wäre endlich
ein Mensch, der noch zu mir gehört, wenn ich alt
und grau bin. Ich würde zumindest eine Spur von
mir auf dieser Welt hinterlassen, wenn ich sterbe.
Kinder sind eine Möglichkeit, eine Art
Unsterblichkeit zu erreichen, bleibt doch etwas
von einem selbst erhalten, in den Gedanken und
Genen der Kinder.

Mein Vater, zentrales Thema in meiner Psychotherapie

Die Beziehung zu meinem Vater nahm den größten Raum in meiner Therapie ein, denn sein Verhalten legte die Saat für meine Angststörung. Wie vorher schon erklärt, hatte ich den Zusammenhang zwischen meiner Angst und meiner Wut schon erfasst. Deutlicher wird der Zusammenhang für Sie, wenn ich Ihnen erzähle, was weiter in meiner Lebensgeschichte geschah. Nachdem mein Vater mir den Beruf der Verkäuferin aufgenötigt hatte, nahm meine Wut auf ihn immer mehr zu; denn ich musste täglich etwas tun, dass mir aus dem tiefsten Inneren meines Herzens verhasst war. Er war sehr streng zu mir und beschnitt meinen mehr und mehr aufkeimenden Drang, mich selbst zu bestimmen, wo er nur konnte. Manchmal wünschte ich mir, er wäre nicht mehr da, damit ich endlich ich sein konnte.

Dieser Wunsch sollte sich auf bittere Weise erfüllen!

Etwa sechs Monate nach meinem langwierigen Krankenhausaufenthalt nahm mein Vater sich das Leben.

Es hatte in meinem Leben bis dahin schon viel Furchtbares gegeben, aber dieser Tag war mit Abstand der schrecklichste meines Lebens. Mein Bruder wohnte zu dieser Zeit schon in 300

Kilometern Entfernung, also waren meine Mutter und ich zunächst allein mit der Situation. Mein Vater war, ohne es vorher anzukündigen, nicht Zuhause, und das war so überhaupt nicht seine Art. Meine Mutter und ich hatten sofort die Befürchtung, dass er sich etwas angetan haben könnte, das war unser erster Gedanke. Jetzt spürten wir das Damoklesschwert der Todesdrohung meines Vaters, das all die Jahre über uns geschwebt hatte, mit all seiner Schärfe. Eine Flasche mit aufgelösten Tablettenresten, die wir fanden, bestätigte unsere Befürchtung. Hilfesuchend wandten wir uns an die Polizei, und nachdem wir dort unseren Verdacht geäußert hatten, mussten wir über uns ergehen lassen, dass man uns belächelte. Die Beamten nahmen unsere Besorgnis und Not einfach nicht ernst. Wir benannten zwei Orte, an denen wir meinen Vater vermuteten, und uns wurde halbherzig versprochen, dass dort nachgesehen würde. Von der Polizei nach Hause geschickt, begann für uns eine lange und zermürbende Wartezeit.

Wir schwankten zwischen der Hoffnung, dass man ihn noch rechtzeitig finden würde, und der verzweifelten inneren Gewissheit, dass es diesmal ernst war. Beide nahmen wir ein Beruhigungsmittel ein und liefen die ganze Nacht in der Wohnung auf und ab. Die Angst blockierte meine Fähigkeit zu denken, alles war wie in dichten Nebel getaucht und das

Beruhigungsmittel machte alle Gefühle zu einem zähen, qualvollen Brei.

Um neun Uhr am nächsten Morgen verständigte uns die Kriminalpolizei, dass mein Vater an einem der von uns benannten Orte tot aufgefunden worden war.

Wieso hatte niemand dort nachgesehen? Wir hatten ihnen doch gesagt, dass er an diesem Ort sein könnte!

Sie hatten uns versprochen, dort nachzusehen!

Seit diesem Tag habe ich ein sehr zwiespältiges Verhältnis gegenüber dem sogenannten "Freund und Helfer".

Meine Mutter und ich fuhren noch am gleichen Tag zur Kripo, um dort die persönlichen Sachen meines Vaters in Empfang zu nehmen. Leider ersparte meine Mutter mir das Gespräch mit dem Kripobeamten nicht, und so erfuhr auch ich haarklein, wie mein Vater sich umgebracht hatte. Ich sollte es nie wieder vergessen, denn jedes Detail fraß sich in mein Gedächtnis und sollte dort bleiben, mein Leben lang.

Mein Vater hatte sich in den Kofferraum seines Autos gelegt und mit einem abgeschnittenen Fahrradschlauch die Abgase eingeleitet. Er hatte den Kofferraumdeckel fest geschlossen und somit konnte er ihn nicht mehr öffnen, auch nicht, wenn er es gewollt hätte. Im Todeskampf hatte er die Rückbank des Fahrzeugs nahezu komplett herausgetreten. Hatte er es sich doch noch mal überlegt und nicht mehr die Kraft gehabt sich zu befreien? Eine Frage, die mich sehr lange gequält hat.

Ich wünschte, meine Mutter hätte mich vor all diesen schmerzhaften Informationen beschützt, indem sie mich nicht mit zu diesem Gespräch genommen hätte. Aber leider brauchte meine Mutter mich, um sich an mir festzuhalten. Sie hatte in all ihrer verständlichen Ohnmacht nicht die Kraft, das allein durchzustehen. Die Beamten drückten uns am Ende des Gesprächs den zerschnittenen Ausweis meines Vaters und seinen Abschiedsbrief in die Hand. Wir erhielten noch die Information, dass mein Vater zuerst obduziert werden müsse. Sein Leichnam wurde dann drei Tage später zur Bestattung freigegeben. Ich vermag Ihnen die dazu gehörigen Gefühle kaum zu beschreiben. Dennoch mussten wir noch am gleichen Tag für die Vorbereitung der Bestattung sorgen. Wir erledigten alles Erforderliche wie in Trance. Wir gingen zu einem Bestatter, suchten dort Sarg und Totenhemd für meinen Vater aus, und alles kam mir dabei so schrecklich und unwirklich vor. Ich hatte das Gefühl, mir sei ein Stück aus meinem Herzen gerissen worden. Ein unglaublich qualvolles Gefühl, das jede Faser meines Selbst erfüllte und nicht mehr zu enden schien. Mich einfach hinlegen und selbst sterben, das hätte ich in diesem Moment gerne getan.

Und dennoch, wir mussten weiter funktionieren, denn wir waren in der Realität verblieben. Mein Vater war tot, nicht wir!

Die Trauer ist eines der schrecklichsten und schmerzhaftesten Gefühle, das ich kenne, und ich bin ihr noch heute häufig hilf- und trostlos ausgeliefert. Irgendein Schwachsinniger hat einmal gesagt, dass die Zeit alle Wunden heilt, aber das stimmt so zumindest für mich nicht. Die Zeit heilte meine Wunden nicht, denn der Selbstmord meines Vaters schmerzt mich heute noch wie vor 20 Jahren. Ich hatte doch nicht einmal die entlastende Möglichkeit, mir einzureden, dass sein Tod Gottes Wille gewesen sei, denn es war nicht Gottes Wille, sondern der Wille meines Vaters.

Meine Mutter entschied leider, dass mein Vater, obwohl er evangelisch gewesen war, von der katholischen Kirche beerdigt werden sollte. Der Pfarrer unserer Gemeinde kam zu uns ins Haus, um mit uns Gottesdienst und Grabrede zu besprechen. Er unterließ es nicht, uns einen Vortrag über die Todsünde des Selbstmordes zu halten, aber die katholische Kirche besaß natürlich "die Gnade", meinen Vater unter geweihte Erde zu bringen. Dieser Pfarrer hinterließ in mir das Gefühl, dass mein Vater dieses Privileg eigentlich nicht verdient hatte. Mich hat jahrelang die Phantasie gequält, dass mein Vater vielleicht in einer Art Fegefeuer schmort. Inbrünstig betete ich oft zu Gott, dass er meinem Vater doch endlich Frieden schenken möge, denn er hatte sich im Leben doch schon genug gequält. Aus diesem Grund suchte ich für den Grabstein meines Vaters flehende Hände aus. Diese zum Himmel gerichteten, zum Gebet gefalteten Hände flehten um die Gnade Gottes. Seit dem ist mir die katholische Kirche verhasst, denn sie besitzt keine Gnade, zumindest habe ich davon nichts gespürt. Die katholische Kirche hat mit ihren Verdammungsvorstellungen zum Thema Suizid meine Qual erheblich verstärkt! (Dabei fällt mir ein: Ich muss unbedingt aus der kath. Kirche austreten!)

Die Beerdigung war ein wahrer Alptraum, denn ich hatte mir meinen Vater noch einmal angesehen, um zu begreifen, dass er wirklich tot war. Er sah ganz und gar nicht friedlich aus, sondern eher qualvoll. Ich hatte zuvor wohl die Vorstellung, dass er friedlich ruhen würde, und dass mir dieser Anblick irgendwie helfen könnte, die Tatsache seines Todes zu verarbeiten. Aber das Leben und auch der Tod sind nicht so. Man bekommt einfach nicht das, was es einem leichter machen würde.

Der zähe, qualvolle Gefühlsbrei in mir nahm durch diesen Anblick zu, und ich hatte mehr und mehr das Gefühl nicht mehr atmen zu können. Die Beileidsbekundungen am Grab taten mir derart weh, dass ich mich am liebsten meinem Vater hinterher geworfen hätte.

Wie allgemein üblich, machten auch wir einen Umtrunk nach der Beerdigung. Ursprünglich war dies wohl dazu gedacht, die Angehörigen des Verstorbenen zu stützen und zu trösten, aber davon hatte unsere Verwandtschaft noch nichts gehört. Ich war zutiefst erschüttert und wütend, als zwei Stunden nach der Beerdigung meines Vaters schon Witze erzählt wurden und die anderen schon wieder zum Lachen zurück gefunden hatten.

Wie konnte das sein, hatte ich eher das Gefühl, dass das Leben nicht weitergehen würde und auch nicht durfte. Nach diesem Tag ließ uns die Verwandtschaft fallen. Zu einem Teil der Verwandtschaft hatten wir zuvor regen Kontakt, aber nach der Beerdigung waren unsere Beziehungen wie abgeschnitten, es war einfach niemand mehr für uns da. Gaben sie uns Schuld, oder wollten sie nicht an ihre eigene Trauer erinnert werden?

Ich weiß es bis heute nicht, und ich habe es ihnen bis heute nicht vergeben, dass sie uns so allein gelassen haben.

Der Abschiedsbrief!

In seinem Abschiedsbrief entschuldigte sich mein Vater für seine Tat und bat uns um Vergebung.

Erst jetzt in seinem letzten Brief, sprach er die Liebe zu uns aus. Er würdigte in diesem Brief meine Willensstärke, die er doch immer beschnitten hatte. An meinem Bruder hob er die Kontaktfreudigkeit als positives Merkmal hervor, etwas woran es ihm selbst gemangelt hatte. In dem Brief wurde deutlich, dass meinem Vater bewusst gewesen ist, dass er kein organisches Leiden hatte, sondern ein psychisches.

Er sagte, dass es die anderen nicht merken dürfen, denn dann sei alles zu spät. (Das kommt mir doch sehr bekannt vor! Litt er etwa auch unter der neurotischen Angst?)

Durch die Zuordnung von Kraft und Willensstärke auf meiner Seite, und der Kontaktfreudigkeit auf der Seite meines Bruders, dachte er, dass wir das Leben gut meistern müssten. Wir Kinder bekamen noch den Auftrag, meiner Mutter bei der Bewältigung seines Todes zu helfen.

Ihr ordnete er zwar auch Willensstärke zu, aber seine Besorgnis, damit nicht zurecht zu kommen, galt ausschließlich ihr.

Ich habe den Abschiedsbrief meines Vaters mittlerweile schon sehr oft gelesen und meine Reaktion ist immer die gleiche, nämlich tiefe Trauer und Wut und tausend offene Fragen, die schrecklich weh tun.

Wieso konnte er uns Kindern seine Liebe nicht zu Lebzeiten zeigen? Wieso hat er uns nicht gesehen, wie wir wirklich waren? Wieso bekommen wir noch einen so schweren Auftrag von ihm? Er hatte den Zeitpunkt seines Todes selbst bestimmt: Wieso hat er uns nicht die Gelegenheit gegeben, offen mit ihm über seine und unsere Gefühle zu sprechen? Er wusste doch aus eigener Erfahrung, wie allein man zurück bleibt, und wie sehr ungesagte Dinge quälen können! Oder wusste er das nicht? Wieso war mein Vater ein so wenig weiser Mann? Wieso hat mein Vater sich so sehr gehasst, dass er sich auf diese Weise töten musste? So viele Fragen, auf die ich keine Antworten mehr erhalten habe, denn wie es in unserer Familie Tradition war, wurde auch jetzt, nach dem Tod meines Vaters nicht gesprochen.

Der Suizid war tabu!

Es schmerzt mich, dass ich meinen Vater nie wirklich kennen gelernt hatte, weil er meinte, seine Wahrheit vor uns verbergen zu müssen. Erst heute, so viele Jahre nach seinem Tod beginne ich Informationen über meinen Vater zusammenzusetzen wie ein Puzzle, um zu verstehen, warum mein Vater der wurde, der er war.

Zurück von den heutigen Gedanken in die Vergangenheit:

Nach der Beerdigung hörte ich schlagartig auf zu weinen, und ich fühlte mich für Monate wie ein abgestorbener Ast. Ich verbrachte sehr viel Zeit mit meiner Mutter und stützte sie, so gut ich das vermochte. Sie weinte sehr viel.

Ich weinte nicht, denn ich spürte mich nicht.

Ich begleitete die Trauer meiner Mutter und verpasste es selbst um meinen Vater zu trauern.

Ich hatte, wie ich es erlernt hatte, alles tief in meinem Inneren vergraben, und zwar so gut, dass ich es kaum selbst wiederfinden konnte.

Jetzt in der Therapie, fast zwanzig Jahre nach dem Tod meines Vaters, muss ich zu meinen Gefühlen zurückkehren. Mir war weder klar, wie man trauert, noch wie man los lässt. Ja, ich wusste nicht einmal, wie man weint; all das war mir verloren gegangen. Es dauerte Monate, bis ich mich in der Therapie wirklich spürte. Damit meine ich, dass ich zunächst nur die Angst und Anspannung fühlte, aber alle sonstigen Gefühle nicht zuordnen konnte. Ich musste nach und nach lernen, Gefühle aus meinem Bauch aufsteigen zu lassen, so dass sie für mich differenzierbar wurden. Dadurch gelang es mir immer häufiger zu weinen und so meine Spannungen etwas zu lösen. Atemübungen waren mir dabei sehr hilfreich, denn so konnte ich nach und nach den inneren Widerstand, der meine Tränen verhinderte, aufspüren und abbauen.

Über mehrere Monate hatte ich einen sehr hilfreichen Spruch über meinem Badezimmerspiegel hängen. Dieser Spruch forderte mich immer wieder dazu auf, mich und meine Gefühle ernst zu nehmen. Ich möchte ihn an Sie weiter geben, in der Hoffnung, dass er Ihnen auch dabei hilft, sich und ihre Gefühle ernst zu nehmen.

SCHAU IN DEN SPIEGEL

Schau in den Spiegel und studier dein Gesicht.
Frag nicht, ob du es hässlich oder schön findest.
Frag danach, was es ausdrückt.
Und versuch zu begreifen, dass dieses Gesicht dir gehört.
Vielleicht siehst du Trauer darin oder Verbitterung oder Ängstlichkeit oder Einsamkeit
- oder etwas anderes, was darauf schließen lässt, dass unter diesem Gesicht gelitten wird.
Wenn du das siehst, dann wünsche ich dir Mitgefühl mit dem, der dich jetzt anschaut.
Denn aus Mitgefühl kann sich das Gefühl entwickeln, von dem so viele reden und das so wenige begreifen-
das Gefühl der Verantwortung für die eigene Person.

Diese tägliche Aufforderung, die mich beim Zähne putzen unübersehbar anstarrte, half mir tatsächlich, mich und meine verworrene Gefühlswelt endlich ernst zu nehmen. Das Gefühl, dass der Tod meines Vaters schon viel zu lange her war, um ernsthaft trauern zu dürfen, und das Gefühl, dass ich mich damit der

Lächerlichkeit preisgeben würde, ließen nach. Endlich nahm ich es ernst, dass ich damals nicht die Möglichkeit gehabt hatte meine Gefühle zu leben, und dass ich genau durch diesen Umstand krank geworden war.

Mir wurde bewusst, dass ich nur gesund werden konnte, wenn ich das alles nochmals durchlebte. Aber jetzt musste ich meine verdrängten und angestauten Gefühle zum Ausdruck bringen. Also kehrte ich zu Schuldgefühlen, zu Scham, Verzweiflung und Angst, einer unglaublichen Traurigkeit, zu Wut und Hass zurück. Ich durfte all das aussprechen und mein Therapeut half mir, zu verstehen, dass diese Gefühle ihre Berechtigung haben. Endlich konnte ich in seinem Beisein weinen und auch das hielt er aus. Er war wieder einmal auf so liebevolle Weise für mich da, dass es mich schmerzte. Es schmerzte, weil ich diese liebevolle Zuwendung, die ich mir von meinem Vater gewünscht hatte, von einem "fremden Mann" bekam. Es war auch nicht wirklich die Zuwendung, die mir weh tat, sondern das Spüren der uralten Sehnsucht, die sich an meinen Vater richtete. Er hatte mich mit dieser unstillbaren Sehnsucht zurück gelassen. Heute fühlt sie sich an wie ein riesiges dunkles Loch in meiner Brust und ich weiß, dass dort normalerweise etwas ist. Bei Gesunden ist dort das Wissen um die Liebe des Vaters. Dieses mir fehlende Gefühl hätte mir damals die Gewissheit gegeben, dass ich liebenswert bin, ganz so wie ich bin. Es wäre die Grundlage für einen gesunden Selbstwert gewesen, den ich mir heute so schwer erkämpfen muss.

Inzwischen weiß ich, dass psychische Gesundheit und ein gesunder Selbstwert nur selten auf einer Eigenleistung beruhen, sondern auf dem glücklichen Umstand, Eltern gehabt zu haben, die einem diesen Wert vermitteln konnten.

Heute muss ich mich von dieser Sehnsucht nach der Vaterliebe verabschieden, und das tut unglaublich weh. Durch die Gespräche mit meinem Therapeuten wurde mir bewusst, dass ich meinem Vater noch gerne so vieles hätte sagen wollen. So vieles stand unausgesprochen zwischen uns, auch noch so lange nach seinem Tod. Da ich das alles nicht mehr mit ihm besprechen konnte, schrieb ich einen Brief an meinen Vater. Die Formulierung meiner Gefühle und Gedanken fiel mir unendlich schwer, und es dauerte Wochen, bis dieser Brief endlich fertig gestellt war.

Ich sprach darin über meine Traurigkeit und über meine unstillbare Sehnsucht nach Vaterliebe. Ich formulierte meine Wünsche, die ich an ihn gehabt hatte. Ich sprach meine Wut und meinen Hass darüber aus, dass er uns auf diese Weise verlassen hatte. Ich sprach alles aus, was ich fühlte, auch meine Liebe zu ihm. Letztendlich wurde der Brief dann doch noch zu einer Liebeserklärung an meinen Vater. Ist die Trauer letztendlich nicht immer eine Liebeserklärung? Als ich den Brief vollendet hatte, beerdigte ich ihn im Grab meines Vaters. - Und endlich öffneten sich all meine Schleusen und ich weinte, als wäre mein Vater an diesem Tag von mir gegangen. Es tat so gut, endlich meine Schmerzen herauszulassen und den Verlust, den ich erlitten hatte, zu beweinen. Heute bezeichne ich meinen Vater, der ja auch der erste wichtige Mann in meinem Leben war, als die erste unglückliche Liebe meines Lebens.

"DESILLUSIONIERT"
SCHMERZHAFTER ABSCHIED VON DER
SEHNSUCHT!

Zur Bilderklärung:
Oft fühle ich mich wie dieses Sterntalerkind, das sehnsüchtig in den Himmel schaut und sich die goldenen Taler wünscht, denn dieses Wünschen ist so unglaublich verlockend. - Wenn sie auf mich nieder regnen, muss ich aber feststellen, dass sie mir nur Löcher in mein Hemd brennen und von meinen Wünschen nur Wunden und ein Häufchen Asche zurück bleiben.

Das innere Kind

Wie erkläre ich nur jemandem das innere Kind,
der um dessen Existenz vermutlich nicht weiß?
Dabei gibt es dieses Kind in jedem von uns,
soviel ist gewiss. Viele haben nur verlernt, es zu
spüren. Sie haben den Kontakt zu sich selbst
verloren. Vor einigen Jahren hätte ich auch
gesagt, die Frau spinnt. In der Therapie jedoch
habe ich dieses Kind mit allen Anteilen zu spüren
bekommen, denn ich habe danach suchen müssen,
um mich und meine Gefühlswelt zu verstehen.
Das innere Kind bleibt erhalten mit allen
Wünschen und Sehnsüchten, mit allen
Kränkungen und Ängsten der Kindheit. Auch
wenn man sich schon längst für erwachsen hält,
beeinflusst es unterbewusst unser Handeln. Mich
hat mein "verlassenes inneres Kind" in meinen
Handlungen immer beeinflusst, nur wusste ich
nicht, warum ich wie handle, und dass die Kleine
allzu oft damit zu tun hatte.
Es ist doch sonderbar, dass mir derart viele
schreckliche Dinge widerfahren sind, oder? Heute
weiß ich, dass mein mangelnder Selbstwert und
das Gefühl, es aus irgendeinem Grund nicht wert
zu sein, geliebt zu werden, dazu geführt hat, dass
ich mich nicht vor dem Egoismus der Männer
schützen konnte. War ich (und die kleine
ungeliebte Tochter) doch immer auf der Suche
nach der unerfüllten Vaterliebe, die mir mein

Partner jetzt endlich erfüllen sollte. Blind durch meine Sehnsucht und frei nach dem Motto, wenn ich mich noch ein bisschen mehr bemühe, muss es doch endlich gelingen, die ersehnte Liebe zu bekommen, lief ich immer wieder in aufgeklappte Messer und verletzte mich dabei schwer.

Es war mein kindliches Sehnen, dass mich schutzlos zum Opfer werden ließ. Ich sah mich stets durch die Augen meines Vaters und war nicht in der Lage, mir selbst ein gesundes Bild von meinem Wert zu machen.

Es gehört ein gesunder Selbstwert dazu, seine Grenzen zu erkennen und gegenüber anderen zu verteidigen. Und ich meine damit, diese Grenzen auch so deutlich zu zeigen, dass das Gegenüber es nicht wagt, sie zu überschreiten. Es gehört eine große Portion Eigenliebe dazu, wenn das alles gelingen soll. Die gesunde Eigenliebe entwickelt man nur durch das von den Eltern geliebte reale (jetzt innere) Kind. Mein inneres Kind ist verlassen und ungeliebt, es kann sich noch so sehr bemühen, irgendwie leistet es nie genug, um selbstzufrieden zu sein. Ich kann die Kleine auch heute noch oft nicht leiden, denn sie macht mir mit ihrer Angst das Leben zur Hölle. Sehr deutlich konnte ich jetzt spüren, dass ich die Strenge meines Vaters verinnerlicht hatte. Meinen Vater brauchte ich nun nicht mehr, um mich zu strafen oder zu begrenzen. Jetzt tat ich es von ganz allein, ich ging mit meinem inneren Kind genau so hart und lieblos um, wie es mein Vater in meiner Kindheit getan hatte. Hatte ich heute Angst, so schubste ich "das ängstliche innere Kind" von mir weg, denn ich hasste (die Kleine) mich selbst für diese Schwäche. Mir diesen "Makel" zu vergeben, das wollte mir einfach nicht gelingen. Eigentlich hasste ich die Kleine für all ihre Gefühle, für die Schmerzen, die sie mir verursachte, für die Schuld, für die Scham und vor allem für den Hass, den sie gegenüber meinem Vater empfunden hatte. Ich wollte meine eigenen Gefühle nicht, denn sie waren in meinem Erleben ungerechtfertigt und somit verboten. Je mehr ich gegen mein inneres Kind ankämpfte, desto mehr machte es sich mit seiner Angst bemerkbar. Ich wiederholte immer und immer wieder das Verhalten meiner Eltern, indem ich mich selbst verließ und hasste, wenn ich schwach war. Immer wieder verlor ich mich in der gleichen Trostlosigkeit, die ich schon als Kind empfunden hatte. Mein Verstand hatte längst begriffen, dass ich mich mit mir und meinem ungeliebten inneren Kind aussöhnen musste, aber das Umsetzen fiel mir unendlich schwer. Ich musste mir die Krankheit vergeben und ich musste begreifen, dass ich nicht immer zu funktionieren habe, sondern mich auch einfach einmal in Ruhe lassen darf.

Das einfache Sein mit all meinen Abgründen fiel mir unsagbar schwer. Ich geriet immer wieder in

Versuchung mich zu bestrafen. Oft genug wollte ich mein Leben wegwerfen, so wie es mein Vater getan hatte. So wie ich war, hatte ich in meinen Augen keinen Wert, also konnte ich mein Sein auch beenden, so empfand ich das eine sehr lange Zeit. - Aber in mir gab es auch die Kämpferin, die sich nicht ergeben wollte, ich wollte etwas anderes aus meiner Geschichte machen, als es mein Vater getan hatte. Immer öfter versuchte ich, auf meine Gefühle und meine Phantasien zu hören, und das wurde mit der Zeit immer leichter, denn ich hatte begonnen, mich wirklich ernst zu nehmen.

Mein inneres Kind versuchte ich in einer Kohlezeichnung darzustellen. Ich zeichnete zuerst das verlassene innere Kind, so wie ich es empfand.

VERLASSENES INNERES KIND

Danach versuchte ich auszudrücken, was ich
bisher begriffen hatte, nämlich dass ich jetzt mit
meinem inneren Kind ganz anders umgehen
musste, als ich es erlernt hatte. Es entstanden drei
liebevolle Bilder, auf die ich sehr stolz bin!

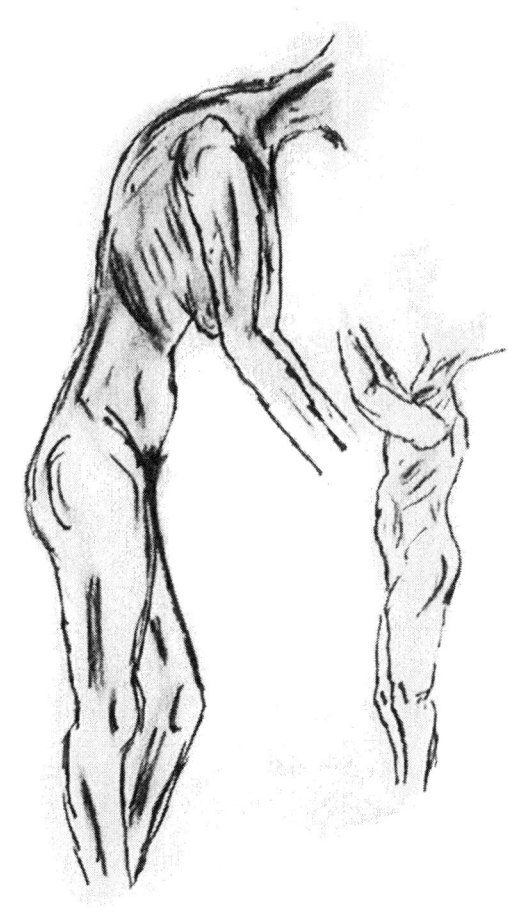

HINWENDUNG ZUM INNEREN KIND

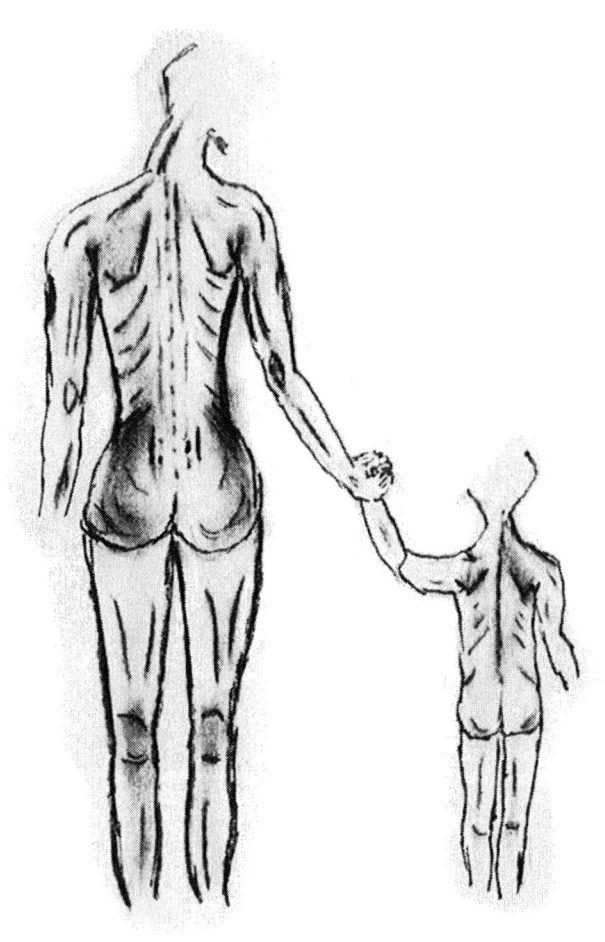

DAS INNERE KIND AN DIE HAND NEHMEN

ANNAHME DES INNEREN KINDES

Diese Bilder hängen seit ihrer Fertigstellung in meinem Wohnzimmer, um mich daran zu erinnern, wie ich mit mir umzugehen habe. Es gelingt mir nicht immer, so liebevoll mit mir umzugehen. Es gelingt mir aber immer öfter, denn ich habe endlich begriffen, dass die Kleine in mir, der die Seele so schrecklich weh tut, genau diesen liebevollen Umgang verdient hat. Sie darf sich endlich ausruhen und vor allem darf sie sein mit all ihren Anteilen, denn ich denke immer öfter:

Sie ist gut so, wie sie ist!

Die Bedeutung von Familie und Freunden während der Therapie

Wie ich schon am Anfang des Buches erzählt habe, war es weder meiner Mutter noch meinem Bruder möglich, mich auf meinem steinigen Pfad der Therapie zu begleiten, denn sie waren zu sehr in ihre eigenen schmerzhaften Gefühle verstrickt. In meiner ersten Therapie begleitete mich meine beste Freundin, meine Familie verlor kein einziges Wort darüber. Dem Familiengrundsatz immer treu, wurden meine Krankheit und meine Not auch jetzt totgeschwiegen, ganz so, als wären sie dadurch nicht existent. Dass sowohl meine Mutter als auch mein Bruder Angst hatten vor der Begegnung mit den eigenen Gefühlen, erfuhr ich erst Jahre später, als ich endlich zu sprechen begann. Denn erst in meiner zweiten Therapie begannen wir wirklich miteinander zu reden. Ich erzählte meiner Mutter, wie ich mich gefühlt hatte, als sich keiner aus meiner Familie dafür interessierte, wie es mir ging. Ich hatte mich verlassen gefühlt, ganz und gar verlassen. Meine Mutter gestand mir, dass sie das damals nicht ausgehalten hatte, weil sie so große Angst hatte, dass ich mich umbringen würde. Sie hatte außerdem Angst, dass, wenn sie sich mit diesen Gefühlen beschäftigen würde, sie selbst krank werden würde. Sie schämte sich sehr, mir nicht geholfen zu haben. Heute versucht sie unser krankes Verhalten zu verstehen, sie fragt öfter nach und bemüht sich dabei meine Gefühle auszuhalten. Mehr kann ich wohl nicht verlangen, denn die emotionale „Behinderung" meiner Mutter bleibt ja bestehen. Allzu oft bekomme ich von ihr deshalb heute noch genau die gleichen Reaktionen wie früher, und ich reagiere immer noch enttäuscht darauf. Dabei weiß ich doch mittlerweile genau, dass ich es bin, die sich verändert, und nicht meine Familie. Wie sollte es bei ihnen zu einer Verhaltensänderung kommen, sie leben weiter in ihrem ganz persönlich erlernten Verhaltensmuster.

Ich musste lernen, dass ich von meiner Familie nichts anderes zu erwarten habe. Weiter musste ich endlich begreifen, dass ich mir mit der Wut und der Enttäuschung, die dieses bekannte Verhalten meiner Mutter immer wieder in mir auslöste, nur selber schadete, wenn ich diese Gefühle in Form einer entsprechenden Reaktion nicht auslebte. Zum besseren Verständnis möchte ich ein prägnantes Beispiel aus jüngster Zeit geben.

Meine Mutter sagte mir, dass sie dieses Buch nicht lesen wolle, weil sie die Vorstellung hat, davon krank zu werden. Gleichzeitig argumentierte sie, sie könne mir dann ja nicht mehr helfen. Heute bin ich in der Lage, die erneute Verletzung, die die Verweigerung meiner Mutter in mir auslöst, zu spüren. Sie will mich immer noch nicht sehen, das schmerzt mich auch heute noch. Jetzt bin ich in der Lage zu reagieren. Ich reagierte entsprechend wütend und verärgert und fragte Sie: „Was ist das für eine Hilfe, die die Wahrheit nicht sehen will. Mama, es geht dir nicht um mich, soviel steht fest!" Nach dieser Reaktion war ich den größten Teil meiner Wut los.

Ich habe gelernt, dass es Freunde gibt, die mich mit all meinen Anteilen annehmen, aushalten und lieben. Dass ich mit meinen Stärken und Schwächen wichtig für sie bin. Ich habe mit ihnen erlebt, dass es ein Nehmen und Geben gibt. Hier darf ich sogar, wenn es mir schlecht geht, mehr nehmen als ich zu diesem Zeitpunkt zu geben vermag. Das alles waren für mich ganz neue und heilsame Erfahrungen. Ich danke meinen Freunden dafür, dass sie einen so großen Anteil zu meiner Gesundung beigetragen haben, indem sie mir diese Erfahrungen ermöglichten.

Ich danke ihnen für die Geduld, mit der sie auf all meine Stimmungen reagieren und mich am Kragen über Wasser halten, wenn ich in meinen Gefühlen zu ertrinken drohe. Wäre diese Nähe zu meinen Freunden überhaupt möglich gewesen, wenn ich nicht begonnen hätte, über mich und meine Gefühle zu sprechen? - Ich denke, dass wäre nicht möglich gewesen, denn wie hätte ich mich um meiner selbst willen geliebt fühlen können, wenn ich mich weiter versteckt hätte.

All das bin ich doch, all meine Abgründe, meine Selbstzweifel, meine Traurigkeit und meine Wut. Das alles und noch viel mehr, denn ich bin auch liebevoll, besitze Güte, bin warmherzig und sensibel. Ich liebe es zu lachen, und manchmal bin ich albern wie ein kleines Kind. Mein Humor hat manchmal kabarettistische Züge, mit denen ich andere oft mitnehme ins Lachen.

Durch meine Therapie habe ich ganz neue Seiten an mir kennen gelernt. Ich weiß jetzt, dass ich kreativ sein kann, und dass ich ein Buch schreibe, macht mich zur Zeit oft ganz stolz.

Aber es gibt da immer noch die zweite Stimme in mir, die mich begrenzen will. Sie sagt: "Du erliegst gerade einer Art Größenwahn, dass du kleines Licht ein Buch schreiben willst. Was bildest du dir eigentlich ein? Die anderen werden dich auslachen! Mit solch intimen Dingen geht man nicht an die Öffentlichkeit. Schäm dich!"

- Aber ich erkenne genau, dass dies die Stimme meines Vaters ist, der mich klein hält, damit er groß erscheint. Ich habe etwas zu sagen, also werde ich es entgegen dieser wahrhaft bösartigen Stimme tun! Über den Mut, den ich mit der Zeit entwickelt habe, unzensierter und ungenierter über mich zu schreiben und mittlerweile auch zu reden, muss ich selbst oft staunen. Diese Fähigkeit wächst mit diesem Buch.

Natürlich habe ich dieses Buch nicht unter meinem Namen veröffentlicht, denn dazu enthält es viel zu viele intime Details meines Lebens, welche anderen die Möglichkeit geben würden, mich zu verletzen. Ich habe das Gefühl, mich und meine Familie vor dem Unverständnis und der Dummheit einiger Menschen schützen zu müssen, indem ich ein Pseudonym verwende.

Es ist letztendlich auch egal, ob mein wirklicher Name über meinem Buch steht oder ein Pseudonym, denn ich denke, dass es spürbar für Sie ist, dass meine Geschichte authentisch ist. Ich hoffe, es macht Ihnen Mut zur Veränderung, auch wenn Sie zur Zeit vielleicht noch nicht sehen können, wie das möglich sein soll. Sie haben die Wahl, sich für ein Verharren in einer unerträglichen Situation zu entscheiden oder etwas zu verändern.

Dass das nicht immer leicht ist und man immer wieder in altes Verhalten zurückfällt, sehen Sie ja an meiner Geschichte; und dennoch macht es Sinn, sich immer wieder neu für das Leben zu entscheiden. Die Möglichkeit der Wahl zwischen der Hinwendung zum Leben oder der Möglichkeit, sich weiter absterben zu lassen, habe ich in einer meiner Zeichnungen ausgedrückt.

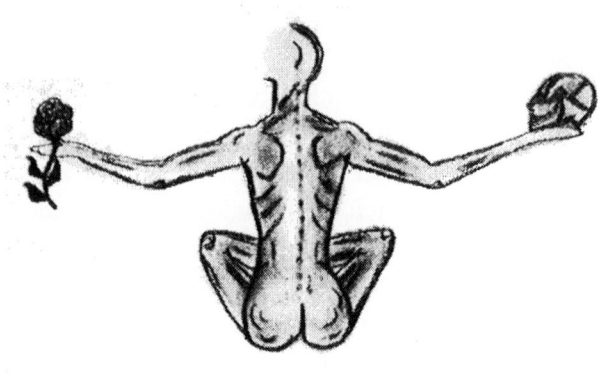

DIE WAHL

Mir ist bewusst, dass die Abwendung vom
Schmerz der Vergangenheit sehr schwer ist,
gelingt es mir doch oft heute noch nicht. Aber
dennoch habe ich begriffen, dass es diese Wahl
gibt, sich dem Leben mit seinen Möglichkeiten
zuzuwenden oder in der Depression auf ewig zu
versinken.

Die Berufswahl

Auch der Beruf, den ich mir selbst wählte, die Krankenpflege, wählte ich mir nicht ohne Grund. In diesem Beruf werden all jene Fähigkeiten, welche mir in der Kindheit im hohen Maße abverlangt wurden, erwartet. Sie gehören ganz selbstverständlich zum Berufsbild dazu. Oft habe ich für diese Eigenschaften Lob und Bestätigung erhalten. Diese Eigenschaften sind eine hohe Leistungsbereitschaft, liebevolle Zugewandtheit, Erfassen der Bedürfnisse des Anderen durch Einfühlungsvermögen, fachliche Kompetenz und ein schier nicht enden wollender Geduldsfaden. Dazu gehört auch der feste innere Entschluss, alles, aber auch alles mit einem Lächeln im Gesicht über mich ergehen zu lassen. Anpassungsfähigkeit, Selbstlosigkeit, Opferbereitschaft und auch die damit häufig verbundene Selbstverleugnung sind gesellschaftlich erwünschte Eigenschaften. Sie machen diesen Menschen zum perfekten Arbeitnehmer, der sich bis zur Erschöpfung ausbeuten lässt, ohne für sich selbst etwas zu fordern. Das perfekte Schaf, das sich mit einem leicht schwachsinnigen Lächeln im Gesicht direkt auf die Schlachtbank führen lässt. In sozialen Berufen findet man auffällig oft Menschen mit diesen „positiven" Eigenschaften, und das wird von den Arbeitgebern häufig über zumutbare

Grenzen hinweg genutzt. Dabei wird auch genutzt, dass diese Menschen oft zu einem „Nein" nicht in der Lage sind. Meist sind wir dazu nicht in der Lage, weil dieses „nett sein" nicht auf einer freiheitlichen Entscheidung basiert, sondern auf dem Abarbeiten unterbewusster Schuldgefühle, welche in der jeweiligen Vergangenheit ihre Ursache haben.
Diese positiven Eigenschaften sind natürlich nur solange gesellschaftlich erwünscht, solange man im Sinne der Volkswirtschaft funktioniert.
Erkrankt man an diesen doch sehr ungesunden Eigenschaften, wird die Nase gerümpft.
Zähneknirschend zahlen Krankenkassen Therapien, allerdings nur in einem begrenzten Umfang.
Denn irgendwann muss es ja gut sein!
Eigentlich wird nur dann helfend reagiert, wenn ein volkswirtschaftlicher Schaden droht; das heißt, wenn Erwerbsunfähigkeit droht, dann beginnen die Mühlen von Krankenkasse und Berufsgenossenschaft ganz langsam zu malen.
Das persönliche Leid interessiert nicht!
Mir ist nicht klar, warum bei körperlichen Erkrankungen lebenslang eine Versorgung durch die Krankenkasse gewährleistet wird, und bei psychischen Erkrankungen mit meist 80 Sitzungen beim Therapeuten der Bart schon ab ist. Diese Erkrankungen haben meist Jahrzehnte für ihre Ausprägung gebraucht, es ist doch

unrealistisch zu glauben, dass sie in so kurzer Zeit geheilt werden könnten.

Mir scheint, es geht nicht darum, dass diese Menschen wirklich gesunden, sondern darum, dass sie funktionieren!

Na ja, bin ich mal wieder abgeschweift, also zurück zum eigentlichen Thema, meiner Berufswahl und deren Hintergründe.

Ich wusste damals, als ich mich für diesen Berufsweg oder diese " Berufung" entschied, nicht, warum ich ausgerechnet einen Helferberuf ergreifen wollte. Aber es musste unbedingt das Helfen sein. Zu helfen war meine Motivation. Und es funktionierte ja auch jahrelang. Ich bezog meinen Selbstwert und meine Bestätigung aus meinem Beruf, wogegen ja eigentlich nichts spricht, das tun andere auch. Aber irgendwann ganz schleichend begann es, dass mich mein Beruf mehr und mehr Kräfte kostete. Ich spürte meinen Unmut deutlich und versuchte meinem Lebensweg durch das Nachholen des Abiturs noch einmal eine andere Richtung zu geben. Das Abi holte ich nach, aber für ein Studium wurde mir kein Bafög gewährt. Ohne finanzielle Unterstützung konnte ich es nicht finanzieren, also starb dieser Traum. Ich tat wieder das, was ich erlernt hatte, um mich zu ernähren: nämlich pflegen.

Um dem Leser einen Einblick in die Arbeit einer Krankenschwester mit seinen unterschiedlichen

Belastungen zu geben, möchte ich einige Geschichten aus meinem Berufsleben erzählen. Ich gebe jedoch zu bedenken, dass ich natürlich nur die Extreme ausgewählt habe. Meistens verhielten sich Patienten und auch Angehörige dankbar und hatten meinen liebevollen Umgang verdient. Die Beziehung zwischen meinen Patienten und mir war echt und meist zu gegenseitigem Nutzen. Ich befürchte, es könnte durch die folgenden Geschichten der Eindruck entstehen, ich hätte mich die ganze Zeit über verstellt und verleugnet, aber ganz so ist das nicht gewesen. Den größten Teil meiner Patienten habe ich in mein Herz geschlossen und meine Anteilnahme und Begleitung bei deren Schicksal waren echt. Die meiste Zeit meines Berufsleben habe ich das alles sogar sehr geliebt, denn es hat mir Sinn gegeben. Aber jede Liebe endet, wenn sie alle emotionalen Reserven ausbeutet und so zur Überforderung führt!

Geschichten aus der ambulanten Pflege

Vor mittlerweile sieben Jahren und sechs Monaten begann für mich die Tätigkeit in der ambulanten Krankenpflege. Eine meiner ehemaligen Ausbilderinnen hatte den Schritt in die Selbständigkeit gewagt. Ich war die zweite Krankenschwester, die von dieser jungen aufstrebenden Firma eingestellt wurde, also eigentlich ein Gründungsmitglied. Heute hat sich dieser Betrieb auf dem hart umkämpften Markt der ambulanten Pflege stabil etabliert. Die Firma hatte sich fachlich hohe Kompetenz und liebevolle Fürsorge für unsere Patienten auf die Fahne geschrieben. Sie hatten ungewöhnlich viel ehemaliges Intensivpersonal eingestellt, das diese Anforderungen in einem besonderen Maße erfüllte. Und da zu dieser Zeit noch stattliche Gelder von den Krankenkassen gezahlt wurden, war es möglich, diesen Ansprüchen vollends zu genügen. Wir hatten genügend Zeit für die Versorgung unserer Patienten, so dass ich sagen kann, sowohl die Patienten, als auch ich waren meist zufrieden mit der geleisteten Arbeit.

Mein Verhältnis gegenüber meinem Arbeitgeber war von freundschaftlichen Gefühlen geprägt. Als ich erkrankte, verhielten sie sich mir gegenüber absolut loyal, das muss ich ihnen trotz allem zugute halten.

Dann kam die Gesundheitsreform, und die Krankenkassen kürzten Jahr für Jahr mehr an der Finanzierung der ambulanten Pflege herum; solange, bis das Ganze wirklich bizarre Blüten trieb. Mein Arbeitgeber war in hauptsächlich damit beschäftigt, Einsprüche für unsere vorwiegend betagten Patienten zu schreiben, da wir für viele Verordnungen der Ärzte Ablehnungen von der Krankenkasse erhielten. Selbst absolut notwendige Verordnungen, wie zum Beispiel die Insulininjektion bei einer 90-jährigen fast blinden Patientin. Sie wurde zunächst von der Krankenkasse als nicht notwendig abgelehnt. Hätte diese Frau sich selbst gespritzt, so wäre sie wohl innerhalb von wenigen Tagen verstorben, denn sie konnte ja nicht einmal die richtige Menge des Insulins aufziehen, da sie nahezu blind war.

Ich fragte mich oft, ob dies ein erwünschter Nebeneffekt der Gesundheitsreform ist. Schließlich verursacht ein totes Krankenkassenmitglied keine Kosten mehr! Mir ist bewusst, dass dies eine wahrhaft boshafte Unterstellung ist, aber mir kam es so manches Mal genau so vor. Ich denke, die Reformen der Regierung werden dazu führen, dass wir uns langsam aber sicher von unserem Sozialstaat, der Alte und Kranke mit trägt, verabschieden müssen. Ich stelle mir das so vor, wenn ich das Rentenalter erreiche, wird man für etwa drei Jahre eine Rente erhalten und danach erschossen, damit man keine Kosten mehr verursacht.

- Blühende Phantasie oder realistische Zukunftsvision?

Zurück zu meiner Therapie.

Durch das Bewusstwerden meiner Gefühle, vor allem meiner Wut, tat ich mich immer schwerer mit meinem Beruf. Ich spürte immer deutlicher, dass mir das Lächeln im Gesicht gefror, wenn Patienten oder Angehörige mich mal wieder wie ihren persönlichen Putzlappen behandelten. Und ich versichere Ihnen, das kommt häufiger vor als Sie es glauben. Ist die Krankenschwester doch häufig der Prellbock für familiäre Spannungen, die natürlich durch die extreme Belastung der pflegenden Angehörigen auftreten. In diesen Fällen wird die Schwester nicht als helfend und entlastend wahrgenommen, sondern eher als Möglichkeit, den Frust und die angestaute Wut loszuwerden. Vom Arbeitgeber wurde natürlich gefordert, dass das alles professionell außen an der betreuenden Schwester abperlt, denn der Kunde ist König. So ist das auch in diesem Geschäft. Dass einige Patienten oder Angehörige eigentlich nicht zumutbar waren, interessierte meist nicht, denn auch hier muss der Betrieb wirtschaftlich bleiben.

Von den Mitarbeitern werden in diesem Bereich hohe Anpassungsbereitschaft, fachliche Kompetenz, die Bereitschaft Verantwortung zu übernehmen, und ein Höchstmaß an Leidensfähigkeit wie selbstverständlich erwartet. Da die ambulante Krankenschwester allein unterwegs ist, ist das meiste davon auch notwendig.

Der Bezug zum Patienten ist inniger als im Krankenhaus, da der Patient meist über Jahre in seiner häuslichen Umgebung versorgt wird. Hierdurch kam ich ihnen wesentlich näher. Meist erfuhr ich nahezu die gesamte Lebensgeschichte meines Patienten, lernte die Angehörigen kennen und erlebte Tag für Tag die verschiedensten Stimmungen. Auch meine Patienten erfuhren von mir wesentlich mehr, als es im Krankenhaus üblich ist. Durch diese enge Beziehung zu ihnen trafen mich Verletzungen und Kränkungen wesentlich härter als sonst. Es perlte nicht außen an mir ab, auch wenn mein Arbeitgeber diesen Anspruch an mich stellte. Undankbarkeit machte mich mehr und mehr wütend, und ich entdeckte an mir immer öfter eine Art trotzigen Widerstand. Ich hatte keine Lust mehr zu helfen, wenn meine Hilfe zum emotionalen Missbrauch führte. Unverschämten Forderungen wollte ich nicht mehr mit Freundlichkeit und Verständnis begegnen.

Ich hatte auch keine Lust mehr, alles zu verstehen und so zu entschuldigen.

Außerdem machte ich langsam aber sicher einen emotionalen Spagat zwischen meinen persönlichen beruflichen Idealen, den Patientenwünschen und den Ansprüchen meines Arbeitgebers, der durch die Kürzungen im Gesundheitswesen unter Druck geriet.

So wurde zum Beispiel ein Zeitmanagementsystem in unserem Betrieb eingeführt. Das bedeutete, dass wir mit der Stoppuhr (das ist wörtlich zu nehmen) arbeiten mussten. Wir bekamen enge Zeitvorgaben für die Fahrzeiten und die Pflegezeiten bei den jeweiligen Patienten. Das machte es mir nicht leichter, denn ich fühlte mich eigentlich dauernd gehetzt. Die Patienten durften davon natürlich nichts merken, so war zumindest die Forderung meines Arbeitgebers. Wir sollten bei all dem äußeren Druck noch die Ruhe in Person ausstrahlen. Aber das gelang wohl den wenigsten Mitarbeitern, denn es kam immer häufiger zu Beschwerden von Seiten der Patienten. Dieses zermürbende Gemecker mussten wir Schwestern uns anhören, nicht oder seltener mein Arbeitgeber. Es machte einfach keinen Spaß für Patienten zu arbeiten, die einem vorwarfen, dass man sich persönlich an deren Leid bereichern würde. (So interpretierten viele Patienten die Veränderungen durch die Gesundheitsreform.) Dann, um all dem noch die Krone aufzusetzen, kam der Tag an dem mein Arbeitgeber uns von der Notwendigkeit neuer Arbeitsverträge überzeugen wollte. Das Geschäftsrisiko wurde durch diese neuen Verträge zum Teil auch auf uns Arbeitnehmer umgelegt, eine Reaktion meines Arbeitgebers auf die finanziellen Verluste. Der neue Vertrag beinhaltete eine erhebliche Lohnkürzung, zudem würde nur noch ein Weihnachtsgeld gezahlt werden, wenn der Betrieb einen Gewinn erwirtschaftete. Das Weihnachtsgeld sollte dann auch noch abhängig von Kranktagen des jeweiligen Mitarbeiters gemacht werden.

Eine wahre Glanzleistung für einen Betrieb, dem der soziale Gedanke zugrunde liegt. Der Vertrag enthielt noch weitere kleine Schweinereien, auf die ich nicht weiter eingehen möchte. (Ist mir auch nicht möglich, ohne vor Wut die Tastatur meines Schreibgerätes zu zerstören.)

Für meinen Geschmack eine Zumutung, dieses Paket, das von unserem Arbeitgeber für uns geschnürt wurde.

Also versuchte ich, unter den Kollegen einen Widerstand zu wecken, aber die Stimmung war stark von einer diffusen Angst um den Arbeitsplatz geprägt. Mutlos wurde das Für und Wider der Notwendigkeit neuer Verträge abgewogen, letztendlich passierte nichts. Ich verstand nicht, warum diese Ungeheuerlichkeit bei meinen Kollegen keinen echten Widerstand auslöste. Es wurde zwar Unmut geäußert, aber gegenüber dem Arbeitgeber regierte die Angst.

Mein Widerwillen jedoch stieg, und ich tat mich in der Folge dieser Ereignisse täglich schwerer mit der Arbeit. Leider war ich noch nicht in der Lage, diesen Konflikt für mich zu lösen, denn meine Angst vor Veränderung war noch zu groß. Die scheinbare Unlösbarkeit meines Problems führte dazu, dass ich diesen Konflikt in körperliche Beschwerden umwandelte. Schon in meiner Kindheit hatte ich auf unlösbare Konflikte so reagiert, damals hatte ich meine Wut und Angst in Kopfschmerzen umgesetzt.

Jetzt hatte ich über mehrere Wochen eine massive Zahnfleischentzündung sowie Zahntaschenabszesse, und ich verlor in der Folge vier Backenzähne. - Ich verlor im wahrsten Sinne des Wortes meinen Biss (was meinem Arbeitgeber vermutlich sehr entgegen kam.

Meine Zahnärztin arbeitete sich mit ihren spitzen Instrumenten und so mancher schlecht sitzenden Betäubung langsam aber sicher auf Platz eins meiner persönlichen Arztbesuchs-Hitliste. Sie lieferte sich dabei ein hartes Kopf-an-Kopf-Rennen mit meinem Psychotherapeuten, aber sie gewann letztlich um vier Backenzahnlängen. (Ich bin mir ziemlich sicher, dass mein Therapeut das wieder zu korrigieren vermag, - fällt ihm doch regelmäßig etwas ein, um mich schwer zu verärgern.) Eine Woche später --- schon geschehen!

Am Abend, bevor wir die neuen Arbeitsverträge bekommen sollten, trafen sich nochmals alle Mitarbeiter zum Gespräch. Etwa die Hälfte des Personals schloss sich meiner Meinung an, dass wir einen Teil des Vertrages befürworten sollten, denn wir verstanden den Druck, der durch die Reformen auf unserem Arbeitgeber lastete.

Das komplette Paket wollten wir jedoch ablehnen.

Ich persönlich war durchaus kompromissbereit, aber ich war nicht bereit, mich gänzlich von meinem Arbeitgeber über den Tisch ziehen zu lassen. Nach diesem Abend mit den Kollegen ging ich relativ zuversichtlich in das Gespräch mit dem Arbeitgeber. Ich war der Vorstellung aufgesessen, dass ein großer Teil meiner Kollegen mir den Rücken stärken würde. Aber es sollte anders kommen.

Ich sagte ganz offen meine Meinung, aber die anderen schwiegen sich aus. Ich signalisierte meine Bereitschaft, den Inhalt des Vertrages neu aushandeln, aber mein Arbeitgeber war nicht bereit, irgendetwas zu verhandeln. Da ich allein auf weiter Flur stand, war es ein Leichtes für meinen Arbeitgeber, an mir ein Exempel zu statuieren, das den anderen den Mund vermutlich auf ewig versiegeln würde. Ich wurde regelrecht geschlachtet, die persönliche Beziehungsebene, die wir ja hatten, wurde zerbrochen. Sie fiel dem Profitstreben meines Arbeitgebers zum Opfer. Ich wurde lautstark und persönlich angegriffen, eine unglaubliche Demonstration der Unfähigkeit meines Arbeitgebers, meine berechtigte Kritik auszuhalten.

Diese lautstarke Machtdemonstration wiederum hielt ich nicht aus. Mein Widerstand schmolz dahin, er wich dem Schrecken, den ich verspürte. So schafften sie es doch noch, mich zur Unterschrift des Vertrages zu nötigen (ja, die Verträge mussten direkt unterschrieben werden, nur keine Bedenkzeit geben). Mehr als betroffene Gesichter war meinen Kollegen trotz

Aufforderung nicht zu entlocken. Zwei von ihnen
versuchten auch einen ganz vorsichtigen
Widerstand, der aber sofort an einen bösen Blick
meines Arbeitgebers scheiterte. Alle
unterschrieben die Verträge noch an diesem
Abend. -Was für eine bescheuerte Schafherde!
Ich fragte mich immer wieder, wie es sein konnte,
dass ich trotz meiner Ängste den Mut zum
Widerstand fand, während meine Kollegen vor
Angst wie gelähmt reagierten. Nach meiner
Unterschrift war mir schon klar, dass ich es in
diesem Betrieb nicht einen Tag länger aushalten
würde. Schon am nächsten Tag meldete ich mich
krank, denn in mir regierte zunächst der Schock
über die Ereignisse.
Ich war traurig und enttäuscht über das Verhalten
meines Arbeitgebers und das meiner Kollegen.
Ich weinte mir tagelang die Augen aus dem Kopf.
Aber neben diesen Gefühlen wuchs in mir die
Entschlossenheit, mir ein neues Arbeitsfeld zu
suchen. Parallel machten sich in mir Angst und
Unsicherheit wieder breit. Vielleicht war ich noch
nicht so weit, ein Vorstellungsgespräch ohne
Panikattacke zu überstehen, so war meine
Befürchtung.
Depression und Selbstzweifel quälten und
lähmten mich erneut. - Meine Zähne allerdings
beruhigten sich mit dem Entschluss, nicht mehr
dort zu arbeiten.

Ich brauchte einige Wochen, um die Welt wieder realistischer betrachten zu können und mutig meinen begonnenen Weg fortzusetzen.

Meine Angst war jetzt weniger eine neurotische, sondern eher eine reale Existenzangst, die wohl die meisten in dieser Situation befällt. Immer wieder sagte ich mir, dass, wenn ich diesen Abend mit meinem Arbeitgeber ohne Panik überstanden hatte, ich wohl auch ein Vorstellungsgespräch überstehen würde.

Außerdem hatte ich das Gefühl, nach all dem noch in den Spiegel schauen zu können, war ich doch endlich einmal in meiner berechtigten Wut bei mir geblieben. In mir machte sich langsam Stolz über mein mutiges Verhalten breit.

Schätze, das können meine Kollegen nicht von sich behaupten.

All meinen Mut zusammennehmend, verschickte ich Bewerbungen in einem für mich ganz neuen Arbeitsbereich. Ich bewarb mich um den Betreuungs- und Pflegedienst von geistig und schwerst-mehrfachbehinderten Menschen in einem Wohnheim.

Jeder Therapeut wird jetzt die Hände über dem Kopf zusammenschlagen und denken, ja ist diese Frau noch zu retten? Sie hat doch so viel begriffen. Warum muss es wieder ein helfender Beruf sein? Meine Antwort auf diese Frage lautet: weil meine Schwäche auch meine Stärke ist! Das Helfen ist etwas, das ich wirklich gut kann, gerade weil ich es schon so früh erlernt habe. Ich muss nur wesentlich besser auf meine Grenzen aufpassen!

Meine Fähigkeiten werde ich auch in diesem Bereich nutzen können, aber ich denke, dass ich mich dabei nicht so sehr selbst verleugnen muss. Ich bin überzeugt, dass die echte Spiegelung meiner Gefühle in der pädagogischen Arbeit in vielen Fällen sogar notwendig ist. Ich werde zum Beispiel auf aggressives Verhalten meines Gegenübers nicht mehr wie bisher mit einem nachsichtigen Lächeln reagieren dürfen, sondern ich werde spiegeln müssen, was sein/ihr Verhalten mit mir macht. Damit mein Gegenüber lernt, dass es unangebracht ist. Das Aufzeigen von Grenzen ist fester Bestandteil pädagogischer Arbeit, also denke ich, dass mir Grenzsetzung mit der Zeit in Fleisch und Blut übergehen wird. Dies wird mir gut tun, denn diese dringend notwendige Fähigkeit brauche ich schließlich auch in meinen privaten Beziehungen. Ich werde meine Reaktionen in der pädagogischen Arbeit immer auf ihre Richtigkeit und Gesundheit überprüfen müssen, und das halte ich für gut. Ich weiß noch sehr wenig vom Umgang mit geistig behinderten Menschen, aber ich weiß, dass sie in der Regel überaus dankbar auf jedes Angebot reagieren. Ihre unglaubliche Fähigkeit zur Freude wirkt auf mich ansteckend. - So werden sich meine Anstrengung und mein innerer Lohn hier eher als in der

Krankenpflege die Waage halten. Ich hoffe, dass ich in diesem Bereich wieder zu meiner Arbeitszufriedenheit zurückkehren werde. Ob die Wirklichkeit mit meinen Vorstellungen übereinstimmt, werde ich schon bald beurteilen können, denn ich bekam meinen neuen Arbeitsplatz schon nach dem ersten Bewerbungsgespräch. Auch dieses Mal ist meine Angst entgegen meinen Befürchtungen nicht aufgefallen.

Aber meine soziale Kompetenz ist aufgefallen und hat vermutlich dazu beigetragen, dass ich eingestellt wurde.

Neben der Verunsicherung, die große Veränderungen im Leben mit sich bringen, freue mich. Ich freue mich und bin stolz, die Kurve mit der Angst im Gepäck gekriegt zu haben.

Und ich freue mich auf meine neue berufliche Aufgabe, die mir die Gelegenheit gibt, wieder ein Stück zu wachsen.

Die Beziehung zum Therapeuten

Eine wahrhaft verrückte Beziehung, wie sie im normalen Leben nicht vorkommt. Nicht real, sondern Phantasie und doch echt mit allen Gefühlen und Sehnsüchten. Der Therapeut, nach Jahren irgendwie vertraut und doch gänzlich unbekannt. Dies entsteht wohl durch die therapeutische Abstinenz. Diese Abstinenz ist eins seiner Arbeitsmittel, sie sorgt dafür, dass er in der Therapie nicht mit eigenen Einstellungen und Gefühlen für den Patienten sichtbar wird. Hierdurch wird die Neigung zur Übertragung noch einmal verstärkt, da man jetzt alles auf ihn projizieren kann, weil man seine persönliche Einstellung zu den Dingen nicht kennt. Die Eigenschaften von Mutter, Vater, Bruder oder Freund; alles findet Platz in der therapeutischen Abstinenz. Auch Wünsche und Sehnsüchte richten sich wie automatisch an den Therapeuten und fallen so auf.

Anfangs habe ich mich sehr dafür geschämt, wenn ich mal wieder einen meiner kindlichen Wünsche übertragen hatte, schließlich bin ich ja erwachsen. Heute kann ich oft sogar darüber lachen, denn ich habe begriffen, das es daran liegt, dass mir zu viele elementare Wünsche nicht erfüllt wurden.

Ich muss nicht immer erwachsen sein! Heute fordere ich sogar so manchen Wunsch mit trotzig

vorgeschobener Unterlippe ein und komme mir
dabei nur geringfügig blöd vor. Mein Therapeut
soll sich ruhig mal ein bisschen anstrengen,
schließlich soll ich doch gesund werden.
Es gibt für ihn eine ordentliche Wunschliste
abzuarbeiten. (Witz----! ? - vielleicht auch
Halbwahrheit!)
Ich denke, ich gehöre mit dieser Einstellung nicht
gerade zu seinen einfachsten Patienten. Aber
niemand hat behauptet, das Psychotherapie leicht
ist, auch nicht für Psychotherapeuten! Ich bin mir
ziemlich sicher, dass er mich aus der Therapie
rausschmeißt, wenn er das hier liest. Die Frau hat
genug gelernt, wird er sich sagen. Ich kann ihn
förmlich hören: "Was erwarten Sie noch von der
Therapie?" "Irgendwann muss ich Sie doch aus
dem Nest schmeißen!" usw. Um nur einige
meiner Lieblingssätze zu zitieren, nach denen wir
uns regelmäßig um das Ende meiner Therapie
streiten. Aber noch bin ich nicht bereit, das alles
allein durchzustehen, eines Tages werde ich
gehen, und dieses Mal möchte ich den Zeitpunkt
der Ablösung bestimmen. Bis dahin werde ich
mir noch etwas von der Begleitung und Nähe, die
mir mein Therapeut bietet, nehmen. - Das erlaube
ich mir!
Die Nähe, die wir aufgebaut haben, füllt das Loch
in meiner Brust auf, jenes Loch, das entstand
durch die unerfüllte Sehnsucht nach der
Vaterliebe. Er begegnet mir auf eine Weise, wie

es mein Vater hätte tun sollen, und genau das ist heilsam. Er löst sein Versprechen ein, das er mir am Anfang der Therapie gegeben hatte. Er bietet mir durch die therapeutische Beziehung die Gelegenheit, das nachzuholen, was ich damals verpasst hatte. Nämlich mir vom dem jetzt liebevoll zugewandten „Vater" etwas nehmen und mich dennoch ablösen zu dürfen!

NÄHE ZUM THERAPEUTEN!
THERAPEUTISCHE ABSTINENZ!

Schlusswort

Ich denke, ich bin meiner Gesundung auch durch
das Niederschreiben meiner Geschichte einen
entscheidenden Schritt näher gekommen. Meine
Gedanken und Gefühle sind mir noch bewusster
geworden, als sie es vor dem Buch waren.
Vielleicht bin ich der Ablösung von meinem
Therapeuten gar nicht mehr so fern, wie ich es
manchmal glaube. Ich werde auf jeden Fall weiter
um mich und meine psychische Gesundheit
kämpfen! Und vielleicht wird mein Kampf jetzt
auch nicht mehr ganz so schwer, denn ich weiß:
<u>Die Angst hat mich nicht mehr, ich habe nur noch
manchmal Angst</u> !
Nach der Fertigstellung dieses Buches bin ich
noch einmal zum Grab meines Vaters gegangen,
ich habe ihm davon erzählt und ihm gesagt, dass
ich ihm jetzt nicht mehr folgen kann, denn ich
habe meinen eigenen Weg begonnen zu
beschreiten. Dieses Buch ist für mich auch ein
Stück weit Verantwortung, es anders zu machen,
als es mein Vater tat.
Noch einige Worte an diejenigen Leser, die auch
an der Angst erkrankt sind. Ich hoffe, Ihnen
macht dieses Buch Mut, den Kampf um ihre
Gesundheit aufzunehmen. Weiter hoffe ich, das
Sie trotz der Schwere, die meine Geschichte
auslöst, den Sinn meiner Therapie erkennen
konnten. Lassen Sie sich durch Rückfälle nicht

entmutigen, denn Rückfälle sind völlig normal! Es bedeutet nicht, dass Sie es nicht schaffen werden, sondern nur, dass Sie sich im Moment überfordert haben. Machen Sie eine Verschnaufpause, und beginnen Sie Ihren Kampf um Ihren Selbstwert erneut, denn niemand wird Ihnen diesen Wert geben, wenn Sie es nicht tun! Beginnen Sie endlich, sich und Ihre Gefühle ernst zu nehmen, diese Gefühle haben ihre Berechtigung! Und vor allem suchen Sie sich Menschen, mit denen Sie wirklich über sich und Ihre Gefühle sprechen können. Sie werden sehen, auch Sie sammeln ganz neue und heilsame Erfahrungen. Bitte hören Sie auf, Ihre Geheimnisse zu hüten, bitte brechen auch Sie das Schweigen. Hören Sie auf, die Täter durch Ihr Schweigen zu schützen, denn die Täter haben Sie auch nicht geschont. Versuchen Sie Krisen, die Sie durchlaufen müssen, als Chance zur Veränderung zu verstehen, auch wenn Sie das in dem Moment, in dem Sie darin stecken, nicht so empfinden können. Ich kann Ihnen versprechen, dass jede Krise, so schrecklich sie auch war, mich in meiner Persönlichkeitsentwicklung weitergebracht hat. Die uns Angstneurotikern eigene "Aber-ich-kann-doch-nicht-Haltung", die auch mir allzu bekannt ist, dient uns als Rechtfertigung für unsere Vermeidungsstrategien. Aber genau diese Haltung wirkt sich wie eine "sich selbst erfüllende Prophezeiung" aus. Ich setze dieser Haltung heute ein wütend-trotziges: "Jetzt erst recht!" entgegen, das sich aus meiner alten Wut speist. Mobilisieren Sie Ihre alte Wut und Sie werden sehen, dass die Angst immer öfter verschwindet. Unsere Vergangenheit war schrecklich genug, jetzt sollten wir leben, ohne uns durch eine alte Angst zu begrenzen, die wir doch eigentlich nicht mehr brauchen. Ich wünsche Ihnen von ganzem Herzen viel Glück auf Ihrem ganz persönlichen Weg durch die Angst!

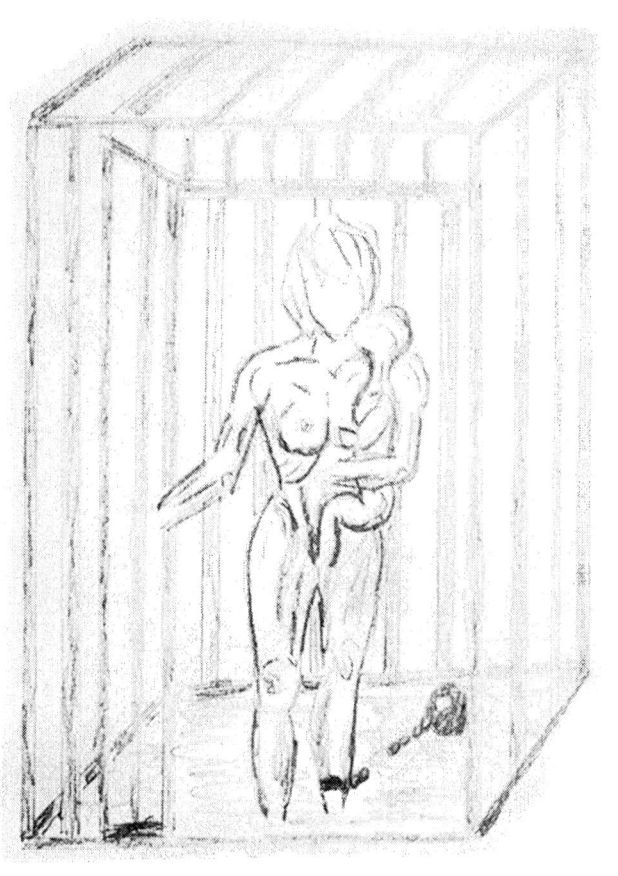

FREIHEIT